张光直作品系列

美术、神话与祭祀

Art, Myth, and Ritual: The Path to Political
Authority in Ancient China

张光直 著 郭 净 译

生活·讀書·新知 三联书店

Copyright © 2013 by SDX Joint Publishing Company
All Rights Reserved.
本作品中文版权由生活·读书·新知三联书店所有。
未经许可,不得翻印。

图书在版编目(CIP)数据

美术、神话与祭祀/(美)张光直著;郭净译.
—北京:生活·读书·新知三联书店,2013.1 (2024.3重印)
(张光直作品系列)
ISBN 978 – 7 – 108 – 04218 – 7

Ⅰ.①美… Ⅱ.①张…②郭… Ⅲ.①文化史–研究–中国–古代 Ⅳ.① K220.3

中国版本图书馆 CIP 数据核字(2012)第 206725 号

责任编辑	孙晓林
封扉设计	蔡立国
责任印制	董 欢
出版发行	生活·讀書·新知 三联书店
	(北京市东城区美术馆东街 22 号)
邮 编	100010
经 销	新华书店
印 刷	河北鹏润印刷有限公司
版 次	2013 年 1 月北京第 1 版
	2024 年 3 月北京第 5 次印刷
开 本	880 毫米×1230 毫米 1/32 印张 5.125
字 数	120 千字
印 数	15,001 – 18,000 册
定 价	59.00 元

在意大利威尼斯古代中国文明会议上发言,1985年

在社科院考古所偃师商城工作站观察陶器,1989(?)年

在夏威夷火奴鲁鲁接受亚洲研究学会颁发的亚洲研究杰出成就奖，1996年
左起：Evelyn Rawski（亚洲研究学会主席、匹兹堡大学教授）、张光直

《美术、神话与祭祀》英文版,1983年

目　录

中译本作者前记 *1*

鸣　谢 *1*

序　言 *1*

第一章　氏族、城邑与政治景观 *1*

第二章　道德权威与强制力量 *23*

第三章　巫觋与政治 *34*

第四章　艺术：攫取权力的手段 *47*

第五章　文字：攫取权力的手段 *75*

第六章　对手段的独占 *89*

第七章　政治权威的崛起 *102*

附　录　三代帝王表 *126*

后　记　连续与破裂：一个文明起源新说的草稿 *130*

译者的话 *140*

2001年版校译者的话 *144*

中译本作者前记

《美术、神话与祭祀》这本小书是在我历年"出土"的拙著中我自己最为喜爱的一本。所以喜爱它并不是因为觉得它写得最好、最为成熟,而正是因为它是最为不成熟,也就是最为年轻的一本。它是从我在数年前为了大学本科生(多是对中国文明或对考古对古史不熟悉的)所设计的一门新课的讲稿中选出来的。它的对象是一般的读者(听众)而不是专业的学者,所以写起来比较令我兴奋,比较使我少受专业传统的束缚,也可以算是对中国古史研究的一种方式的一次试验。多年来我一直主张中国的古史研究不属于狭窄的专业,而应当是由各行各业的专家——包括史学家、考古学家、美术史家、古文字学家、古地理学家、理论家等等——携手一起从各方面、各角度,利用各种的资料来从事进行的。这本小书是我在这个方面所做的试验中最彻底的一次,同时很自然地也就是最不成熟的一次。因为它不成熟,它更有进一步大幅成长、开花、结实的机会,也就像人在青年,如果努力修习,更可前途无量。不用说,要它有进一步的发展,它更需要读者的批评与建议。

这书如今能与广大的中国读者以中文译本的形式见面,是使我非常高兴的事,因为中国读者的批评与建议更是我所渴望的。

这本书在结尾时,强调主张中国古史对社会科学一般理论上应当有积极的贡献,但在书中并没有畅言应有什么具体的贡献。后来我在《九州》学刊上登载了一篇短文叫《连续与破裂》,在这方面做了进一步的尝试。很感谢译者和出版社同意把这篇小文附在中译本的后面作为它的《后记》。

张光直
1988年1月在美国哈佛大学

鸣 谢

本书是根据作者1981—1982年为哈佛大学主修课程所开设的一门讲座的部分讲稿而撰写的。这个课程的艺术与文学组主持人伍墨耐尔女士（Emily Vermeule）、哈佛学院普通教育课程和主修课程计划指导威尔科克斯（Edward T. Wilcox）先生对本人开设该讲座给予了大力支持，谨此表示感谢。

本书中的第四章曾以略为不同的形式发表于《哈佛亚洲研究杂志》（1981年）第41期，527—554页，原标题为《商周青铜器上的动物纹样》（参见张光直：《中国青铜时代》，三联书店，1983年版。——译者）。

《尚书》和《诗经》是有关古代中国最重要的两部典籍。本书与之有关的引文均选自高本汉（Bernhard Karlgren）的译本：*The Book of Documents*（Stockholm：Museum of Far Eastern Antiquities，1950）；*The Book of Odes*（Stockholm：Museum of Far Eastern Antiquities，1974）。《楚辞》则采用了哈克斯（David Hawkes）的译文：*Ch'u Tz'u：The Songs of the South*（Oxford：Clarendon Press，1959）。在此特向远东古物博物馆和哈克斯先生表示谢忱。克拉伦东出版社允许作者引用以上译著，不胜感激之至，除特意注明者之外，其余中国文献的翻译均出

自本人拙笔。

书中许多照片系国内同行所赐；其余照片为本人经国内有关方面允许所拍摄。在此谨对所有资料提供者的慷慨与信任表示感谢。

此外，还应当感谢为本书摄影的伯格先生（Steve Burger），绘制本书首页地图和48图的布朗女士（Nancy Lambent Brown），以及细心而尽职地编辑拙著的考尔济女士（Maria Kawecki）。同时，应特别感谢巴尔泽先生（Marjorie Balzer），本书有关萨满教资料索引的收集曾得到他的鼎力相助。

书中插图的来源已在书末尾注明。出版人允许重印这些已在其他著作中使用过的图表，本人深感荣幸。

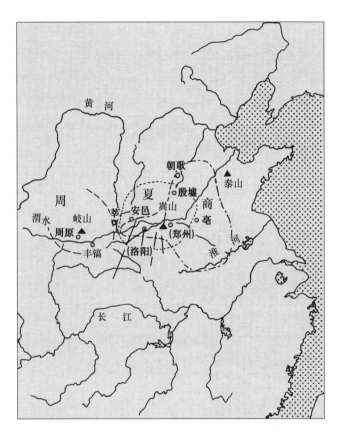

古代中国地图：标明了夏、商、周三个王朝的大致分布区

序　言

古代中国的艺术与神话同政治有着不解之缘。我们已经相当习惯于把政治看做当代中国社会中的一个决定因素，然而，认识到它对古代中国也具有同样重要性的人却并不多。本书的目的，就是要将得之于考古学的，以及文学和艺术的材料与观点结合起来，对此作一番论证。

因而，本书具有双重的目的：其一，提供一个基本的视界，从性质与结构两个方面对具有强烈政治色彩的古代中国文明进行观察；其二，力求证明：如果我们能跨出传统的专业局限，这对于古代文明，至少对古代中国文明的研究会大有裨益。这个观点正是我十年来所反复强调的。[1]

"古代中国"一词，包括了公元前 2000 年中的主要阶段。在此期间，诞生了中国最早的历史文明——夏、商、周三个王朝。[2] 按照传统纪年表，夏朝的年代为公元前 2205—前 1766

---

[1] 见张光直：《商周青铜器与铭文的综合研究》，《中央研究院历史语言研究所专刊》，第 62 期，台北 1973 年版，i 页。*Early Chinese Civilization* (Cambridge, Mass.: Harvard University Press, 1976), pp. v – xi.

[2] 有关古代中国的考古工作进展迅速，因而这方面高质量的最新研究成果尚不能利用。以西方语言写的经典性著作是：Henri Maspéro, *China in Antiquity*, tr. F. A. Kierman (Amherst: University of Massachusetts Press, 1978)。（转下页）

年，商代为公元前1766—前1122年，周代为公元前1122—前256〔1〕年。除最后一个数字以外，其余的年代均有问题。专家们为此聚讼纷纭，仅周朝的起始日期便有不下十八种说法。〔2〕这些技术性争论是非难断，就本书的宗旨而言并不重要，因而我们采用整数来标定三个王朝的年代：夏朝为公元前2200—前1750年；商朝为公元前1750—前1100年；周朝为公元前1100—前256年。

夏之前的时代，即中国的史前史，可根据两种资料予以重建。第一种是三代文献（其实大部分为周代后期所撰）中涉及公元前2200年以前的神话传说，其中多为古代英雄圣贤的事迹。这些传说至汉代（公元前206—公元220年）才经整理而构成三皇五帝的体系（图1）。关于三皇五帝，其说不一。按照最流行的观点，三皇为伏羲（人类始祖），燧人（一说祝融，发明用火之人），神农（发明农耕之人）。五帝则通常为黄帝（文明创造之人），颛顼（在他的手里天与地分开），帝喾，尧，舜〔3〕。在中国历史的大部分时期中，

另外有一部通论：Jacques Gernet, *Ancient China from the Beginnings to the Empire* (Berkeley: University of California Press, 1968)。考古方面的专著有张光直的 *The Archaeology of Ancient China* (New Haven: Yale University Press, 1977); *Early Chinese Civilization* (Cambridge, Mass.: Harvard University Press, 1976)，其中包括一系列专题研究。

〔1〕 本书将夏、商、周作为一个完整的历史时代来处理，其中的周代包括西周和东周。——译者

〔2〕 这十八个年代是：1122、1116、1111、1076、1075、1070、1067、1066、1057、1050、1049、1047、1045、1030、1029、1027、1025、1018。见张光直："China", in *Chronologies in Old World Archaeology*, ed. Robert Ehrich, 3rd ed. (Chicago: University of Chicago Press, in Press)。

〔3〕 西方人研究中国神话的论著，可参见：Henri Maspéro, "Légendes mythologiques dans le *Chou King*", *Journal Asiatique* 204 (January – March 1924):（转下页）

这些英雄圣贤一直被当做真实的历史人物。近几十年,历史学家和民俗学家才宣称:他们即使不都是,至少大多数是古代宗教里的人物,而在周代后期和汉代被人们"历史化了"。[2]

重建中国史前史的第二类资料来自考古学。发掘古代人类及其文化遗迹的科学考古学为20世纪初,由西方和日本传入中国。[3] 人们通过考古发掘,不断揭示着史前文化的面貌:它肇始于约二百万年前人类早期祖先的出现;随着时间的推进,约四十万年前诞生了著名的北京猿人;约一万年前出现了

1-100;Derk Bodde,"Myths of ancient China",in *Mythologies of the Ancient World*,ed. Samuel N. Kramer(New York:Doubleday,1961),pp. 367-408;Sarah Allen,*The Heir and the Sage:Dynastic Legend in Early China*(San Francisco:Chinese Material Center,1981)。有关三皇五帝的说法历来甚多。如三皇:一说为天、地、人(泰)(《史记·秦始皇本纪》,司马贞《三皇本纪》);一说为伏羲、女娲、神农(《风俗通》、司马贞《三皇本纪》);一说为燧人、伏羲、神农(《尚书大传》、《白虎通》)。又如五帝:《史记》以黄帝、颛顼、帝喾、尧、舜为五帝;《礼记·月令》以太皞(伏羲)、炎帝(神农)、黄帝、少皞、颛顼为五帝;《帝王世纪》以少昊(皞)、颛顼、高辛(帝喾)、尧、舜为五帝;《皇王大纪》以伏羲、神农、黄帝、尧、舜为五帝。此外尚有其他异说。——译者

[2] 本世纪20年代,注重经验的历史学家们对中国传说古史大力抨击,"疑古派"便由此而产生。他们认定商代后期以前的历史均为杜撰。见Laurence A. Schneider,*Ku Chieh-kang and China's New History*(Berkeley:University of California Press,1971)。(参见顾颉刚《我是怎样编写古史辨的?》,《古史辨》第一册,上海古籍出版社,1981年影印本。——译者)

[3] 科学的考古学之传入及其对中国历史学的影响,见张光直"Archaeology and Chinese historiography",*World Archaeology* 13(October 1981):156—169;李济,*Anyang*(Seattle:University of Washington Press,1977)。这两种文献,都已有了中文译本。前者参见陈星灿译文《考古学与中国历史学》(张光直著:《中国考古学论文集》,三联书店,1999年版,10—30页);后者参见聂玉海等译《安阳》(中国社会科学出版社1990年版)——陈星灿校译注释。

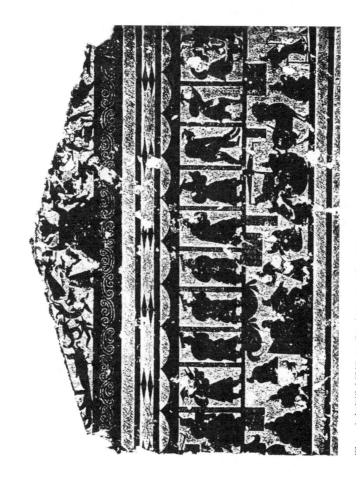

图1 山东嘉祥武梁祠(2世纪中叶)汉画像石中的中国古代传说人物(三皇五帝)。上面一行是传说中的英雄和圣人,以及夏朝第一位和最后一位君王。从右到左:人类始祖伏羲和女娲,他们的两尾相缠;祝融,火的发明者;神农,农耕的发明者,手持木耒;黄帝,文明缔造者;颛顼;帝喾;帝尧;大禹,夏朝建立者;最后一位是夏朝末代君王桀

家畜的饲养与农耕，随之而来的是农业聚落的成长壮大，直到三代文明的前夜。[1]有些晚期史前文化，或许为某些神话英雄所创造；但史前的人们，却并未留下可资后代认识其英雄的文献资料。

三代是中国历史上既有文献可征，又有遗迹可寻的第一时期。当然对夏代而言这并不准确，我们至今未找到夏人留下的片言只字。但商、周两代却有文字记载为依凭。[2]然而，许多与三代有关的后代文献，其实已为商、周的材料所印证。因此，有关夏代的记载，较之有关史前（夏代以前）的任何材料大概都更为可靠。此类"后代文献"主要包括：公元前1000年后期编成的儒家经典，如《易》、《诗》、《书》、《春秋》及各家传，主要是左丘明的《左传》。还有《三礼》，包括《仪礼》、《礼记》和《周礼》。[3]

---

[1] 近年有关中国史前史的综合论述，见张光直"In search of China's Beginnings: New light on an old civilization", *American Scientist* 69（March-April 1981）：148—160。（参见《新中国的考古发现与研究》，文物出版社1984年版。——译者）

[2] Burton Watson对古代中国文学的研究极有参考价值，见 *Early Chinese Literature*（New York：Columbia University Press，1962）。利用文字资料来研究历史专题，可参看 Cho-Yun Hsu, *Ancient China in Transition*（Stanford：Stanford University Press，1965），appendix entitled "Authenticity and dating of pre-Ch'in texts"。

[3] 最为可靠的中国古典著作的英译本有：James Legge, *The Chinese Classics*, Vols. 1—5（Oxford：Clarendon Press，1872—1895）; and idem, *The Li Ki*, Vols. 27 and 28 of *The Sacred Books of the East*, ed. F. Max Müller（Oxford：Clarendon Press，1885）。此外尚有其他译文可依，有时带点现代风格，做过一些改动。《诗》可看 Bernhard Karlgren, *The Book of Odes*（Stockholm：Museum of Far Eastern Antiquities，1974）; and Arthur Waley, *The Book of Songs*（New York：Grove Press，1960）。《易》可看 Richard Wilhelm and Cary F. Baynes, *The I Ching or Book of Changes*（Princeton：Princeton University Press，1977）。《书》可看 Bernhard Karlgren, *The Book of Documents*（Stockholm：Museum of Far Eastern Antiquities，1950）。

《楚辞》中也保存了三代的有用资料,它是周末中国中部地区几位楚国骚人的诗歌汇编。[1]有关材料也见于《论语》[2]、《孟子》[3]等哲学著作。公元280年,河南汲县出土几部竹书,其中有《纪年》(又称《竹书纪年》)[4],《佚周书》和《穆天子传》。传至今日虽是断简残篇,但其中既有丰富的史料,又有很多神话传说和文学的资料,对了解夏、商、周时期中国人的生活颇有价值。

近年出土的秦汉简牍帛书,为三代有关文献提供了有力的佐证(这些资料多记录在三代以后的竹木简册和纸、帛书上,因埋藏地下两千年,已趋腐坏)(图2)。[5]古代器物和铭文等新材料也已披露于世。除了对考察青铜时代生活面貌必不可少的石、陶、木、竹器物及丝绢和青铜器之外,考古学又为我们提供了其他文字材料,主要是商代和周初的甲骨卜辞(图3)[6]和青铜礼器铭文。[7]

---

[1] 标准的本子是 David Hawkes, *Ch'u Tz'u*: *The Songs of the South* (Oxford: Clarendon Press, 1959)。

[2] Legge, *The Chinese Classics*;又见 D. C. Lau, tr., *Confucius*: *The Analects* (Harmondsworth: Penguin Books, 1979)。

[3] Legge, *The Chinese Classics*;又见 D. C. Lau, tr., *Confucius*: *The Analects* (Harmondsworth: Penguin Books, 1970)。

[4] 有关《竹书纪年》价值的评论,见 David N. Keightley, "The *Bamboo Annals* and Shang-Chou chronology", *Harvard Journal of Asiatic Studies* 38 (December 1978) 423—438。

[5] 见 Michael Loewe, "Manuscripts found recently in China: A preliminary survey", *T'oung Pao* 63 (1977): 99—136。

[6] David N. Keightley 对具有史料价值的甲骨文做过详细的考察,见 *Sources of Shang History* (Berkeley: University of California Press, 1968)。

[7] 就我所知,西文中尚未见关于金文的专论。以下两部著作中有专章讨论这个题目:William Watson, *Ancient Chinese Bronzes* (Rutland vt: Tuttle, 1962);李学勤: *The Wonder of Chinese Bronzes* (Peking: Foreign Languages Press, 1980)。

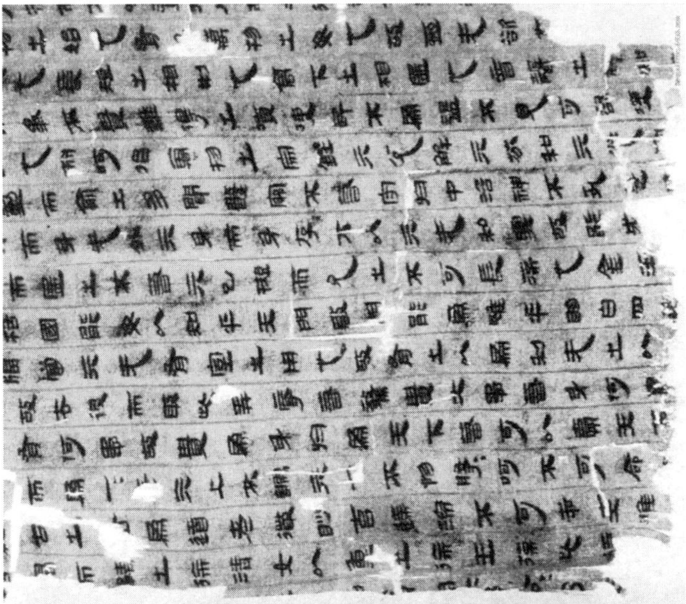

图2 近年发现的秦代简牍（左）和汉代帛书（右）

图3 河南安阳殷墟出土的商代卜骨

本书以上述所有形式的史料为依据，对古代中国的政治文化进行分析，并为这样一个根本问题寻求答案：文明以及与其形影不离的政治王朝是如何在古代中国兴起的？从材料中我们得出了这样的结论：中国文明的演进之所以同王朝相伴随，是因为这里也同其他任何地区一样，文明不过是社会少数人，即王朝积累财富的体现。在此我们可以证明：财富积累需首先凭借政治权力的行使来实现；而政治权力在中国的成长，又为几个有着内在联系的因素所促动，它们是：亲族层序系统，统治者的道德权威，武装力量，对神与祖先沟通的独占（如借助祭祀、艺术和文字运用等手段），以及对财富本身的独占。研究这些因素的演变历史，能为我们提供一些说明古代中国政治权力产生的更令人信服的理由。只要这类政治权力演化的问题是一个具有普遍意义的研究课题，中国的例证便会获得超越地域的价值。

本书将三代作为一个独立的单元来处理，命之为"古代中国"。无论我们怎样给这一时期下定义，古代中国由始至终的政治文化特征都具有许多重要的共同点，这些特征甚至延续到三代以后的时期。因而我相信本书的划分是可以成立的。公元前600—前500年间，青铜时代开始为铁器时代所取代，中国社会也随之发生了深刻的变化。力求严谨的学者或许会认为，本书标题中的"古代中国"，只能指夏、商两代及春秋中叶以前的周朝。然而他们会看到，本书把春秋中叶以后的大量材料都纳入了古代艺术、神话与政治这个包罗万象的模式当中；这个模式也同样可用于更晚的时代。

第一章 氏族、城邑与政治景观

夏、商、周三个王朝均由不同氏族的成员所建立。实际上在中国早期,这类氏族可能百十成群,各自独具一套共同特征。一个氏族中的成员都将其世系追溯到传说中的同一位父系祖先,当然,远古亲属的真实状况往往已不可能由谱系来证明。[1] 在大多数情况下,始祖诞生神话会使全氏族获得一个共同名称和一个族徽(图腾)。[2] 凡为氏族成员,便当然具备某些独特的品性,这就成了他们不能相互通婚的原因

---

[1] 一些人相信中国历史上曾有过按母系计算世系,妇女政治地位要高于男子的原始社会。其根据有两种极不相同的来源:一是19世纪的进化论,它认为所有社会都经过母系社会阶段。20世纪马克思主义成为中国的指导思想,这个观点便在史学界得到了有力的支持。二是分散于古书中的记载多谈到远古时曾有过知其母而不知其父的社会。倘若中国历史上确有过这样一个阶段,那它一定远在三代之前。据我们所知,三代时除了父系氏族之外,并没有其他类型的氏族。欧洲汉学家们早期对这个问题的讨论见 A. Courady, *China* (Berlin: Pflugk-Harttung's Weltgeschichte, 1910), p. 483ff; W. Koppers, "Die frage des Mutterrechts und des Totemismus im alten China," *Anthropos* 25 (September-December 1930): 981—1002; E. Erkes, "Der primat des Weibes im alten China," *Sinica* 10 (November 1935): 166—176; and W. Eberhard, *Localkulturen im alten China*, Vol. 2 (Peking, 1942), p. 96ff.

[2] 《左传》隐公八年(公元前715年):"天子建德,因生以赐姓,胙之土,而命之氏。"

之一。[1]

我们可以断言：尽管古代中国的数百个父系氏族都有自己的祖先诞生神话，但只有少数几个侥幸保存下来，并且都属于那些建立起统治王朝和其他政治实体的氏族。

夏朝是正史记载的第一个政治王朝，其创立者为姒姓氏族成员。大概因为它时代遥远，有关的史料已湮没不彰，所以该族始祖的诞生神话也一片模糊。有一部书[2]说：禹为夏朝创立者（图4），他是其母食薏苡所生（该族因之而得名；薏苡还是东亚地区最早栽培的作物之一）。另一种传说却认为：夏族始祖系裂石而生。禹父鲧受命治水，他"窃帝之息壤"——一种掘之益多的神土，想用它筑堤御洪。鲧治水未成，帝怒其盗走宝物，将他处死。鲧死后身体三年不腐，化为石。其后有人以吴刀剖之，禹于是破腹而出。[3]关于大禹儿子诞生的传说，又多少重复了这个故事："禹治鸿水，通辗辕山，化为熊……涂山氏（禹之妻）往，见禹方作熊，惭而去。至嵩山下，化为石。方生启。禹曰：'归我子！'石破北方而启生。"[4]（参看附录中三代帝王表）

商朝的建立者是子姓氏族，其始祖为契。商代神话称契母吞玄鸟卵而怀孕生契（图5）。[5]此类始祖卵生神话，在古代

---

[1] 《国语·晋语》："同姓则同德，同德则同心，同心则同志；同志虽远，男女不相及，畏黩故也。"

[2] 《论衡·奇怪篇》。

[3] Derk Bodde, "Myths of ancient China", in *Mythologies of the Ancient World*, Samuel N. Kramer (New York: Doubleday, 1961), p. 399. （大禹出身的故事，详见《山海经·海内经》；《全上古三代秦汉三国六朝文·全上古三代文》卷15辑《归藏·启筮》；《世本·帝系篇》。——译者）

[4] Bodde, "Myths of ancient China", p. 401. 见《绎史》卷12引《随巢子》。——译者

[5] 《诗·商颂·玄鸟》："天命玄鸟，降而生商。"

图4 武梁祠画像石上的大禹

曾流行于中国东部沿海和亚洲东北部各族中间。[1]这似乎为许多学者殷人东来的论点提供了证据。

周为三代最末一个王朝，系姬姓氏族所创立。有条史料说，该族因其故地的一条小河而得名。周姬的始祖为弃（被遗弃之人），又叫后稷（稷之主，图6）。据《诗·大雅·生民》中的传说，后稷是上帝的直系后裔，其母姜嫄履上帝足迹而怀孕。《生民》又说，姜嫄生后稷，抛之于隘巷，弃之于平林，置之于寒冰，但他竟每每受到牛羊、樵夫和群鸟的卫护。后稷长大成人，精于农耕，善种菽麦等作物，并开创献牲祭祀之例。[2]

---

[1]《魏书》（写于551—554年）"东夷"传中有一个类似的故事，只是篇幅稍长。它讲的是居住在北方渤海湾的夫馀人始祖诞生的神话："高句丽者，出于夫馀，自言先祖朱蒙。朱蒙母河伯女，为夫馀王闭于室中，为日所照，引身避之，日影又逐。既而有孕，生一卵，大如五升。夫馀王弃之与犬，犬不食；弃之与豕，豕又不食；弃之于路，牛马避之；后弃之野，群鸟以毛茹之。夫馀王割剖之，不能破，遂其母。其母以物裹之，置于暖处，有一男破壳而出。及其长也，字之曰朱蒙。"（此类卵生始祖的神话并非为亚洲东北部人民所独有，我国南方的苗、瑶、仫佬、畲、壮、侗、黎等民族皆有类似的传说，盘古开天辟地的神话便是最典型的例子。近来已有人提出了"卵生文化"的概念，详见龚维英：《我国上古"卵生文化"的探索》，《云南社会科学》1987年第3期。——译者）

[2]《诗·大雅·生民》：
厥初生民，时维姜嫄。
…………
以弗无子，履帝武敏歆。
攸介攸止，载震载夙。
载生载育，时维后稷。
…………
诞寘之隘巷，牛羊腓字之。
诞寘之平林，会伐平林。
诞寘之寒冰，鸟复翼之。
鸟复去矣，后稷呱矣。
实覃实訏，厥声载路。

图 5　商代始祖神话。画上的玄鸟正在下蛋,简狄(右)随后吞食之便怀孕生契

《诗·大雅·绵》中另一则有关周人的传说,则把各族起源比作葫芦的繁衍。这种瓠生始祖神话流传甚广,它应是姬姓氏族诞生的另一种说法。[1]

---

[1]《诗·大雅·緜》:
緜緜瓜瓞,民之初生。
自土沮漆,古公亶父。
陶复陶穴,未有家室。
(刘尧汉先生曾对瓠生神话做过比较深的研究,详见他写的《中华民族的原始葫芦文化》,《彝族社会历史调查研究文集》,民族出版社1980年版;《中国文明源头新探——道家与彝族虎宇宙观》,云南人民出版社1985年版。——译者)

第一章　氏族、城邑与政治景观　5

图6 传说中的周代祖先后稷的画像

三代王朝既为姒姓、子姓和姬姓三支氏族所创,王朝的兴亡实际上就成了众多氏族并存的政治疆场上各个氏族命运的盛衰。以血缘纽带维系其成员的社会集团左右着政治权力,这就是中国古代国家最显著的特征。再者,各氏族自身也按照血缘关系而高度层序化了。每一个氏族都由若干宗族群所组成,同一宗族的成员都经由明确的谱系联为一体。单个宗族,甚至每个宗族中的单个成员,其政治地位都有高下之分。

三代的世系制度尚不十分清楚,但宗系决定政治地位这个大原则是无可置疑的。[1]在一些周代文献中,我们发现了对

---

[1] 关于古代中国氏族与宗族制度的详尽论述,请看张光直"The lineage system of the Shang and Chou Chinese and its political implications", in Chang, *Early Chinese Civilization* (Cambridge, Mass: Harvard University Press, 1976), pp. 72—92。

宗族分支制度（system of lineage segmentation）的清晰描述。宗族分支源于父系宗族的分裂（fission of the agnatic lineages）和分支宗族在各自具有明确空间界限的领地内的建立。假设有这样一个大宗族，它凭借强大的政治力量统治着一个都邑。它是某氏族中众多宗族的一支，其地位既超乎同一氏族中别的宗族之上，也比它势力范围中其余氏族的地位更高。我们可以称之为"王族"，它是自己王国内的统治者。它通过宗族里男性成员的继嗣而长存；这些成员的地位如何，又取决于某些特殊条件，如某人是正妻之子，或是众多兄弟中的长子。

在王族发展的某一个阶段，会产生某种需要，得让族中一位男子离开王都，到外地去建立新的城邑。他或许是王的手足，也可能是王的叔伯或堂表兄弟。大批人民会随他出行，这或者为了减轻人口压力，或者为了开垦新的土地，也可能是去戍守边防。无论何种原因，他离别时都要带走以下物事：（1）氏族的关系和徽号；（2）属于一个或几个氏族的数群宗族成员，他们既是农业、手工业劳动者，也是兵士的来源；（3）对于新领地的管辖权；（4）标志新政治单位的新名称；（5）保证他同大宗的仪式联系得以延续，并作为他新独立地位象征的仪式符号和道具。他将在新领地中建立新的庙宇，最后还要把自己的牌位放进去，以作为新宗族创立者的标记。于是，一个新的支系开始繁衍。作为次一级的宗族，它必须对自己原来所属的大宗表示恭顺。它的政治地位和仪式地位也相应要低一等。这种分化过程还会重复，从而形成第三级、第四级和以下各个支系。所以，宗族分支制度同时也是政治地位递降的制度。[1]

分支宗族的聚集核心,是城墙环绕的城邑。李约瑟(Joseph Needham)认为:无论古代的或现代的中国城市(图7),都"不是人口自然集中,资本或生产设备自然集聚的结果;它不单是,或者说本质上不是一个市场中心。它首先是一个政治心脏,是行政网络中的一个结,是官僚(或)……古代封建领主的据点"。[2]

就动机而论,城市构筑其实是一种政治行动,新的宗族以此在一块新的土地上建立起新的权力中心。《诗经》中有一段关于筑城这样一种政治行动的描写,叙述了周朝立国之前周人一位祖先建造都城的情形:

---

[1] 宗族分裂和政治分封的进程是以周代的所谓"封建制"为核心展开的。这个词由"封疆"和"建立对土地的统治"两个意思演变而来。它常被译作"feudalism",但这并不意味着可以把中国的"封建制"同欧洲的制度等同起来。参见 Derk Bodde, "Feudalism in China" in *Feudalism in History*, ed. R. Coulborn (Hamden, Conn.: Archon Press, 1956)。

有关周代早期封建制的主要史料见于《左传》定公四年(公元前505年):"昔武王克商,成王定之,选建明德,以藩屏周。故周公相王室,以尹天下,于周为睦。分鲁公以大路、大旂,夏后氏之璜,封父之繁弱,殷民六族,条氏、徐氏、萧氏、索氏、长勺氏、尾勺氏,使帅其宗氏,辑其分族,将其类醜,以法则周公,用即命于周。是使之职事于鲁,以昭周公之明德。分之土田陪敦,祝、宗、卜、史,备物典策,官司彝器。因商奄之民,命以伯禽,而封于少皞之虚。分康叔以大路、少帛、綪茷、旃旌、大吕,殷民七族:陶氏、施氏、繁氏、锜氏、樊氏、饥氏、终葵氏,封畛土略,自武父以南,及圃田之北竟,取于有阎之土,以共王职。取于相土之东都,以会王之东蒐。聃季授土,陶叔授民命以康诰,而封于殷虚,皆启以商政,疆以周索。分唐叔以大路,密须之鼓、阙巩、沽洗、怀姓九宗,职官五正。命以唐诰,而封于夏虚,启以夏政,疆以戎索。"

[2] Joseph Needham et al., *Science and Civilization in China*, Vol. 4, pt. 3, "Civil Engineering and Nautics", (Cambridge: Cambridge University Press, 1971), p. 71.

图7 一座有城墙围绕的近代中国城邑。位于宁夏王爷府(1923年)

古公亶父,来朝走马。
率西水浒,至于岐下。
爰及姜女,聿来胥宇。
周原膴膴,堇荼如饴。
爰始爰谋,爰契我龟。
曰止曰时,筑室于兹。
乃慰乃止,乃左乃右。
乃疆乃理,乃宣乃亩。
自西徂东,周爰执事。
乃召司空,乃召司徒。
俾立室家,其绳则直。
缩版以载,作庙翼翼。
捄之陾陾,度之薨薨。
筑之登登,削屡冯冯。
百堵皆兴,鼛鼓弗胜。
乃立皋门,皋门有伉。
乃立应门,应门将将。
乃立冢土,戎丑攸行。[1]

  这首诗,几乎描绘了古代中国城邑的所有重要方面:它建在一片旷野之中,事先已有规划(图8、图9);夯土墙围绕着城内的重要建筑,这里是创立新宗族的诸侯(文中是一位周代姬姓氏族的首领)赖以凭借的政治堡垒。这座建造过程在《诗经》中得到如此生动描述的城邑,在沉睡三千多年之后,已于陕西中部的岐山地区找到,并正被发掘出来(图10、

---

〔1〕《诗·大雅·緜》。

图 8 汉代瓦当上的"四神图"。它是形呈四方,有固定朝向的中国古代城邑的缩影。四方的神兽是北为玄武(底边)、南为朱雀(上面)、东为青龙(左)、西为白虎(右)

图 11)。[1]

中国北方的大地上点缀着千百座这种城邑。近几十年发现了许多三代的遗址。有关夏代的考古学证据仍然众说纷纭,但

---

[1] 张光直,*The Archaeology of Ancient China*(New Haven: Yale University Press, 1977, rpt. 1981). The appendix entittled "Highlights of Chinese Archaeogy", 1976—1980,其中有对当代周原考古的概述。(又见《陕西岐山凤雏村西周建筑遗址发掘简报》,《文物》1979 年第 10 期。——译者)

第一章 氏族、城邑与政治景观 11

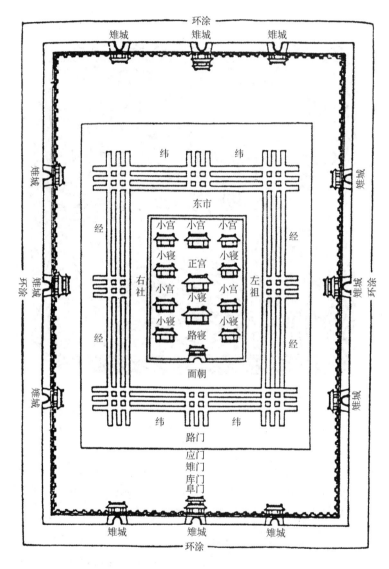

图9 理想化的周代王城(洛阳)图。城墙呈矩形,每边各有三个门,东西向和南北向各有九条大道贯通。中为王宫,北市,东祖,西社,南朝。房屋大门一律朝南

图10 《诗经·緜》中提到的周原最近已被发掘出来。上图,岐山下的周原;下图,周人立国前的房屋群基址

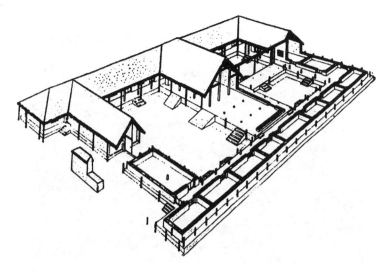

图11 陕西周原近年发掘出土的周人立国前和周初房屋的复原图

已有越来越多的学者认为：二里头文化就是夏文化。[1]据文献记载，夏朝的地望在山西西南部和河南西北部，其圣山为河南中部的嵩山。[2]本世纪50年代以来，考古工作者发现的二里头文化遗址就分布在这一地区。据已有的碳14数据，这些遗址的年代界限为公元前3000年末至前2000年初，恰在夏代纪年范围之内。最理想的二里头遗址，有山西夏县的东夏冯和河

---

[1] 见张光直，"The origin of Shang and the problem of Xia in Chinese archaeology: Definition of the issues in 1981"，这是在1981年5月23日洛杉矶县立艺术博物馆中国青铜时代讨论会上递交的论文。(又见《新中国的考古发现与研究》，文物出版社1984年版；《商周考古》，文物出版社1979年版；《河南偃师二里头遗址三、八区发掘简报》，《考古》1975年第5期。——译者)

[2] 对夏代地理传统文献的综述，以严耕望的为最佳，《夏代都居与二里头文化史》，《大陆杂志》61期，1980年，1—17页。

南登封的王城岗。[1]这两处都有夯土墙环绕四周。据《世本·作篇》中的传说，夏朝始祖大禹的父亲鲧，就是中国文化史上首做城郭的英雄。

商代的考古遗址有数十处，而殷墟（位于安阳附近，为商代最后一个都城）所出商代甲骨文中提名的城邑却达一千左右。[2]它们集中在夏朝以东的区域，即今天的山东西部、河北南部、河南东部、安徽和江苏北部一带（图12）。周代早期遗址则分布于华北的西部地区，主要在陕西东部—中部一带，即渭河中、下游地区。[3]一部分商周遗址中有夯土墙遗迹，而在其他遗址中却并未出现。找不到城墙，或许可以归因于考古中的偶然因素，例如很多遗址尚未经过全面调查；不少城墙也可能由于冲蚀和战乱而被毁弃。但无论如何，城邑本身比城墙更为重要。在无须防卫的地方可能不必修筑城墙，或者可以栅栏代之。城邑的设计与政治功能并不因土墙的有无而改变。点布在三代政治地图上的数千座城市，经种种无形的纽带连为一体，构成行政控制和财富分配的分级系统；而城邑的分级体系大体上与氏族和宗族的分级分层相吻合。古代中国的每个"国"，都是一个由若干等级不同的城邑构成的网状组织。三

---

[1] 这两个与夏代历史有关的遗址的概论，见周永珍，"The search for the Hsia culture"，*China Recons tructs* 27（November 1978），pp. 48—50。东下冯遗址分六期，第五期才出现城垣，年代已在公认的郑州二里岗下层，属于早商文化范畴，参见中国社会科学院考古研究所编著《夏县东下冯》（文物出版社1988年版）一书。——陈星灿校译注释。

[2] 张光直，Shang Civilization（New Haven：Yale University Press，1980），p. 210.

[3] 关于商周遗址的地理分布，见张光直"Sandai archaeology and the formation of states in Ancient China：Pró-cessual aspects of the origins of Chinese civilization"，in *The Origin of Chinese Civilization*，ed. David N. Keightley（Berkeley：University of California Press，1983），pp. 495—521。

图 12 河南郑州商代城墙遗迹,高约 2.5 米

代初期这类国很多，每个国可能又包括了数量较少的城邑。随着时光流转，经过一段攻伐吞并的过程，国的数目减少，而每个国内的城邑却增加了。据顾祖禹（1624—1680年）的统计，夏禹时代有国万余；到建立殷商的成汤时，存者三千余国；至灭商的周武王时期，尚余一千八百国；东周初年（公元前771年），存一千二百国；迄春秋末年（公元前481年），仅剩下百余国，而可称大国者唯十四。[1]

各级城邑之间的互动行为有政治结盟，贸易往来，攻伐交战，婚配结亲。变幻不定的政治同盟使城邑的总数和国的数量都减少了。夏、商、周三个时代似乎都有一个国家占据着优势地位。然而，夏、商、周三国只是它们那个时代最显赫的国家，却绝不是当时惟一的国家。

为了阐明宗族分层的观点，我们有必要对联姻的状况略加分析。

有史记载的首例国与国的联姻，与周朝建立之前周人的领袖王季与文王有关。《诗·大雅·大明》称：王季之妻系殷商之女。

> 挚仲氏任，自彼殷商，
> 来嫁于周，曰嫔于京。
> 乃及王季，维德之行。
> 大任有身，生此文王。[2]

---

[1] 顾祖禹：《读史方舆纪要》卷1。
[2] 《诗·大雅·思齐》中又有一个同样婚姻的记载：
　　思齐大任，文王之母。
　　思媚周姜，京室之妇。

此外，文王的一位妃子似乎也娶自殷商，《诗·大明》：

> 天监在下，有命既集。
> 文王初载，天作之合。
> 在洽之阳，在渭之涘。
> 文王嘉止，大邦有子。
> 大邦有子，俔天之妹。
> 文定厥祥，亲迎于渭。
> 造舟为梁，不显其光。
> 有命自天，命此文王。
> 于周于京，缵女维莘。
> 长子维行，笃生武王。
> 保右命尔，燮伐大商。[1]

虽然诗中并未指明文王之妻的母国为殷商，但"大邦"一词却使学者有理由猜测她为殷人之女。据信史，莘国其实是一位殷商王室成员的领地。[2]顾颉刚曾引《易经》中"帝乙归妹"[3]一句，证明它与《诗经》所述之事有关，即帝乙将其妹嫁给了文王。如果此说成立，那当时嫁女之国（商）的地位便可能比娶妇之国（周）为高，这与一些民族学资料中有关政治联姻时亲属地位的说法正好吻合。[4]

---

[1] 《诗·大雅·大明》。
[2] 莘是一个小国，为商汤之相伊尹所出。
[3] 顾颉刚：《周易卦爻辞中的故事》，《燕京学报》6 期，1929 年，979 页。
[4] E. R. Leach, "Structural implications of matrilateral cross-cousin marriage", in Leach, *Rethinking Anthropology* (London: London School of Economics, 1961; orig. pub. 1951).

然而，周代后期的情况却有所不同。叙述这一时期国与国联姻的资料更为准确和详尽。古代中国可能实行过双方交表婚制（bilateral cross-cousin marriages），即一个男子可以娶父亲姐妹的女儿或母亲兄弟的女儿为妻。这种婚姻习俗最重要的证据是周代文献中保存的亲属称谓制。[1]

舅：母之兄弟；夫之父；妻之父。

姑：父之姐妹，夫之母。

甥：姐妹之子；父亲姐妹之子；母亲兄弟之子；妻之兄弟；姐妹之夫；女之夫。

众所周知，双方交表婚是一种很有弹性的制度，它为各种情况下的特殊选择提供了足够的回旋余地。已有几位学者注意到，古代中国可能有过这种习俗。[2]在双方交表婚的框架内，娶妻对象会依特定的条件而变化，有时完全以父方为主（只能娶父亲姐妹之女），有时又完全以母方为主（只能娶母亲兄弟之女）。左右这种变化的因素，可能是联姻群体的政治地位。父方交表婚一般出现在地位平等的政治集团之间；而母方交表婚则往往发生于地位不同的亲族之间，以维持双方微妙的、不稳定的政治平衡。有人认为，殷商王室内部的某些族内婚配属于父方交表婚[3]，但对这种史料的看法尚有分歧，此外，在古代中国并未发现其他相同的例证。

---

[1] 古代中国亲属称谓制度，以芮逸夫的论著最具权威性，见《文集（中国：民族与文化）》第7节"中国家族制度"和第8节"中国亲族制度"，723—1028页；台北艺文书局1972年版。

[2] 同上；又见 Marcel Granet, *Chinese Civilization* (London: Paul, Trench, Trübner, 1930), p. 157。

[3] 见张光直, "*Tien Kan*: A key to the history of the Shang", in *Studies in Early Civilization*, ed. David Rog and T. H. Tsien (Hong Kong: Chinese University of Hong Kong Press, 1978), pp. 13—42。

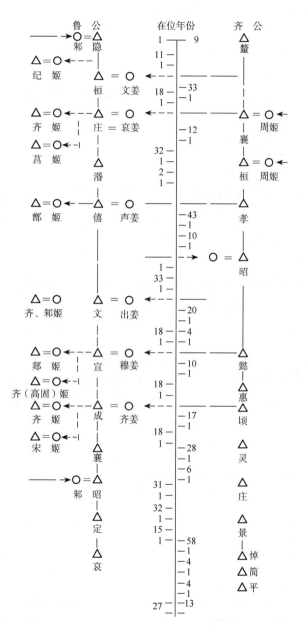

图13 某些鲁国与齐国君主的联姻状况（公元前722—前468年，据《左传》）

另一方面，东周文献中倒有几条有趣的史料，很可能与母方交表婚的实行有关：

1. 在《左传》中，联姻国家互称"甥舅之国"。这种称谓有力地证明：通婚国之间的关系是延续不变的。

2. 《左传》对这种延续性关系的描述，并不一定与两国君主的实际身份相符；它所表明的是以国家身份出场的两国之间的关系，并不因世代的状况而异。比如，书中昭公十二年（公元前528年）条，称齐国为"王舅"，而实际上，齐君也曾娶过周王的女儿为妻。

3. 根据我在《左传》中检出的通婚材料，两个分属不同氏族的不同宗族相互通婚，明显具有单行而不是互惠的趋向。图13列出了东部两个最强大的国家，姬姓的鲁国与姜姓的齐国之间一部分通婚关系。鲁是周王朝的兄弟之国。鲁公娶姜姓氏族中的齐氏宗族之女为妻，却很少把姐妹、女儿嫁给齐国公室，而多许往他国。另一方面，齐侯嫁女于鲁，但却总是从其他国家娶妻。当然，说姜姓的齐国嫁女于姬姓氏族，并有时从后者娶妻也未尝不可，但关键是要看到：齐国嫁女与娶妻的宗族是不同的，尽管这些不同的宗族有可能都为姬姓。如果用宗族而不用氏族作比较，我们就会明白：单向婚配所交换的女子要比另一种方式来得多。

4. 在一些可靠的文献中，常有甥国与舅国政治地位不同的记载。娶妻之国的政治和（或）仪式地位，似乎要高于嫁女之国。[1]尤其令人感兴趣的是：如果国君嫁女于大夫，便会让另一位兄弟国的大夫宣布"送亲"。杜预《左传》注说，这

---

[1] Francis L. K. Hsu, "Observations on cross-cousin marriage in China", *American Anthropologist* 47 (January-March 1945), pp. 83—103.

是因为"位有尊卑"的缘故。换言之,国君虽然不得不把女儿许配给政治地位低于王族的宗族成员,但必须有所补偿,以免国君的宗族因此而蒙受损失。

总之,有关三代的可靠证据向我们展开了这样一幅图画:在古代中国的政治景观中,分布着成百上千个为不同氏族和宗族所占据的城邑;它们按照亲族关系和居民互动模式,在政治分层系统中彼此联结在一起。

第二章　道德权威与强制力量

如前所述，城邑、氏族和宗族的分级分层，组成了一幅理想化的政治结构图。一般情况下，这个系统可能正常运转，但它的平衡终究是脆弱的。每个氏族都宣称自己是神的后裔，并为统治权而奋斗；就神话的意义来讲，它们即非全部，至少大多数都有资格取得这种权力。氏族内部的宗族也分化为很多等级，它们日益分散，相互间的地位差别日益缩小，变得相对而无明显的界限。换言之，亲族制本身已不能严格维持层序体系，不得不把其他因素引入这个平衡面中来。

对维持众多竞争者的政治平衡最有影响的因素之一，便是以"功"（merit）为基础的价值评判。生而具有治人的资格还不够，还必须靠行动赢得被统治者的拥护，才能真正取得统治权。为何周朝而不是夏朝或商朝成为天命的统治者？《诗·大雅·皇矣》的解释如下：

> 皇矣上帝，临下有赫。
> 监观四方，求民之莫。
> 维此二国，其政不获。
> 维彼四国，爰究爰度。

> 上帝耆之,憎其式廓。
> 乃眷西顾,此维与宅。[1]

上帝的裁判,均以统治者的成与败、放纵与节制为基础。这种裁判便称为"天命"。它将选择的权力归之于"上天",正是周人观念的典型反映。[2] 夏、商是否使用这个观念尚有疑问,但统治权须以"报应"(deservedness)为基础的观念,无论基于上帝的认识还是基于被统治者的认识,至少可以追溯至商代。当然,夏朝的王权并非夺之于另一个王朝,便无须为它所占据的至尊地位做任何道德辩解。但殷商却夺了夏的统治权,而且,确实为自己的行为大大辩护了一番。《尚书》中有一段文字,是商朝建立者汤在讨伐夏桀的路上对其部众的训词:

> 格尔众庶,悉听朕言。非台小子,敢行称乱;有夏多罪,天命殛之。今尔有众,汝曰:我后不恤我众,舍我穑事,而割正夏。予惟闻汝众言;夏氏有罪,予畏上帝,不敢不正。今汝其曰:夏罪其如台?夏王率遏众力,率割夏邑,有众率怠弗协。曰:时日曷丧?予及汝皆亡!夏德若兹,今朕必往。尔尚辅予一人,致天之罚,予其大赉汝。

---

[1] 《诗·大雅·皇矣》。
[2] 傅斯年对周人的"天命"观做过精辟的分析,见《性命古训辨证》,中央研究院历史语言研究所1940年版;又见郭沫若:《青铜时代》,科学出版社,1959年版。英文论著,可看 Donald J. Munro, *The Concept of Man in Early China* (Stanford: Stanford University Press, 1969), pp. 84—90;张光直, *Early Chinese Civilization* (Cambridge Mass: Harvard University Press, 1976), pp. 191—192。

尔无不信，朕不食言。尔不从誓言，予则孥戮汝，罔有攸赦。[1]

夏桀的下场最终也成了商代末帝纣的下场。商纣暴虐无道，为人痛恨，周人于是举兵伐之。孟子将此二人斥之为"残贼之人"、"一夫"，杀死他们是正义的惩罚，不可与弑君同日而语。[2]

于是，政治王朝的覆没是由于君王无道，失去了统治的资格；新王朝的建立者推翻旧王朝，成就了功业，这是符合民众心愿的行动。古代中国的王朝循环与文明的盛衰并无干系，它仅仅意味着个别社会集团政治命运的变幻，其领袖取得或失去建立统治的道德权威。

显然，把"功"说成建立统治的基础，这大概是儒学的理想。[3]然而，商周两朝的确曾借这个观念来证明自己统治的合理性。因此，这个观念可视为古代中国权术的一个组成部分。对此，只要读一读《尚书》便可明了。此外，前文所引《尚书》的文字已说得很清楚：新王朝的道德权威仅是金币的一面，另一面便是恫吓："尔不从誓言，予则孥戮汝，罔有攸赦。"使统治集团能够将其威胁付诸实行的强制力量，主要根源于何处？

"族"本身，大概就是最重要的社会强制组织。族规即是社会的基本法律。"甲骨文的族字包括两个部分：上为一面旗帜，下为一支箭（图14），其本义为军事组织。丁山这个解释

---

[1]《尚书·汤誓》。
[2]《孟子》卷1。
[3] Donald J. Munro 在 *The Concept of Man in Early China* 称儒家的道德主张是其"通往特权之路"。

已被人们普遍接受。古代中国旗帜与军队的联系人所共知,甲骨文中'族'被表现为战争中的行动团体。其规模大约平均一百人,由来自一百个家庭的一百个男子组成。"[1]因此,族的首领不仅是宗族或分支宗族的长老,同时也是军事头目。他的日常吩咐也须像军事命令一样得到服从。冒犯族长会招致严厉惩罚,如断肢以至处死。"王"这个表示所有宗族最高首领的词,据说是从刑具钺上的图案演变而来。[2](图15)在中国青铜时代,制造武器,包括制造威猛的战车(图16)上的部件,是青铜的主要用途之一。

族内的行为规范于三代时期汇编为礼。大多数研究中国法制史的专家都认为:礼实际上便是法。[3]长老控制族人之权表现为祭礼对宗族成员的束缚。同一父系宗族的成员都视自己归同一男性祖先的后裔,祖先祭祀就象征着这个事实,并将其具体化了。《仪礼》中交代了有关仪式的过程和细节,但我们最熟悉的还是与这些祭典有关的具体物事。首先是祖庙,它不仅充作祭祀的活动场所,而且本身就成为一个象征,既为仪式的中心,也是国家事务的中心。祖庙分为若干等级[4],大概与宗族的分层相契合。(图17)《左传》(襄公十二年,公元前562年)称亲族有三级:一为姓,二为宗,三为族,又谓祖庙

---

[1] 张光直,Shang Civilization (New Haven: Yale University Press, 1980),p.163。
[2] 林沄:《说王》,《考古》1965年第6期。
[3] 见梅宗契:《法与礼》,谢光声编《中国法制史论集》,137—145页;台北中国文化学院法律研究所1968年版。书中还有其他几篇论文。中国古典文献对法(或刑)与礼的关系论述得很清楚,如《大戴礼·礼察》称:"礼者,禁于将然之前;而法者,禁于已然之后。"孔子也说:"道之以政,齐之以刑,民免而无耻;道之以德,齐之以礼,有耻且格。"(《论语·为政》)
[4] 凌纯声:《中国祖庙的起源》,《中央研究院民族研究所集刊》第7期,141—184页,1959年。

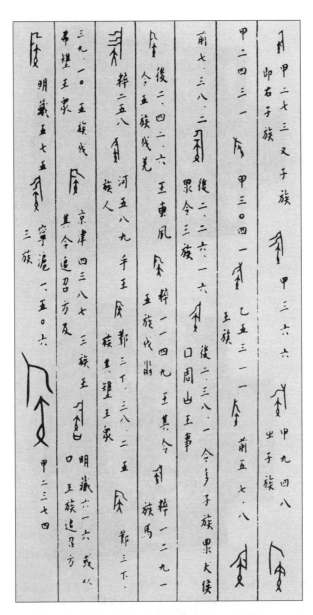

图14 商代卜辞中的"族"字。它在图中有几种写法,大小不一,相互间略有差异

图15 两件商代铜钺。上边一件（高约32厘米）出于山东益都苏埠屯，这一地区可能为与商代同时的另一个国家所控制；下边一件（高约40厘米）出于河南安阳殷墟

图 16　近年在殷墟发现的商代车马

也分三等：宗庙、祖庙、祢庙。[1]这些亲族首先都有一座与之地位相当的神庙，作为亲族秩序的中心。《礼记·曲礼》中说："君子将营宫室，宗庙为先，厩库为次，居室为后。凡家造，祭器为先，牺赋为次，养器为后。"[2]祖庙及有关物事的重要性，反映了祖先祭祀在周代制度中所占的重要地位。《礼记·祭统》说得很明白：

> 凡治人之道，莫急于礼。礼有五经，莫重于祭。
> 夫祭者，非物自外至者也，自中出生于心也。心怵而

---

[1]《左传》襄公十二年（公元前561年）："凡诸侯之丧，异姓临于外，同姓于宗庙，同宗于祖庙，同姓于祢庙。"——译者

[2]《礼记·曲礼》。

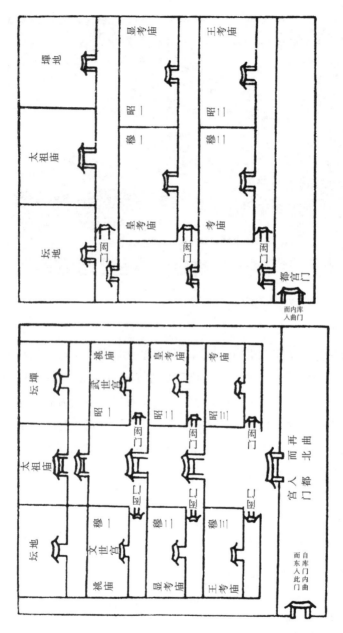

图17 两种不同等级的祖庙。左边的属于周王,立国者的庙位于正中,每边各有三座远祖的庙。右边的属于一位封建领主,每边仅有两座庙

30 美术、神话与祭祀

奉之以礼，是故惟贤者能尽祭之义。[1]

为了强化"自中出生于心"的礼仪，王者要定期巡守，看领主们的祖祭是否行之无误。据《礼记·王制》，如发现祭祖不符规矩者，领主即被贬黜。[2]如讨伐敌国和敌对政权，要捣其祖庙，夺其祭器，以彻底毁灭之。[3]

如果说祭祀及有关的物事如祖庙、牌位和礼器有约束与警示的作用，并作为氏族凝聚的象征，神话则赋予氏族徽章，以证明其存在的合理性。英雄神话几乎总是千篇一律地讲述宗族祖先的功德行为，他们正因此而在祭祀时受人赞颂。《国语·鲁语》和《礼记·祭法》都提出了同一个原则，以判定某位祖先能否享受祭祀：

> 夫圣王之制祭祀也，法施于民，则祀之；以死勤事，则祀之；以劳定国，则祀之；能御大菑，则祀之；能捍大患，则祀之……非此族也，不在祀典。[4]

这段文字意在说明：祖先们能赢得今天的地位，并非仅靠出身，而是凭功德，这一点上文已经做了分析。神话是商周祖先祭祀系统中必不可少的部分，"（显贵家族）热衷于使每一点传统都保持生命力，以证明其先祖为有权有势的圣贤和仁慈宽容的领主；他们的对手和敌人则是造反的恶棍和卑鄙的小人，

---

[1]《礼记·祭统》。
[2]《礼记·王制》："天子五年一巡守……宗庙有不顺者为不孝，不孝者绌以爵。"——译者
[3]《左传》襄公二十一年（公元前552年）、宣公三年（公元前606年）。
[4]《礼记·祭法》。

图 18 武梁祠画像石上的黄帝

注定会一败涂地,断绝香火"。[1]《礼记·祭统》中有段文字,大概就带有这种观念:

> 子孙之守宗庙社稷者,其先祖无美而称之,是诬也;有善而弗知,不明也;知而弗传,不仁也。

帝王自然可以通过宣扬祖德的办法来谋取最大利益,但无论任何等级的统治者,都必须靠行动取得自己的地位。氏族的祖先一定是文化上的英雄。姒姓氏族和夏朝的创立者大禹据说制伏过洪水。有关先商时代的传说讲道:子姓氏族的始祖契,曾在夏禹宫廷中任司徒,并协助大禹治水。据《史记》(司马迁著于公元前1世纪)记载:商汤有德,其猎网四面敞开,鸟兽竟自入其中。汤还有功德之行:天旱,汤以身投火,祀而求雨。雨怜恤之,降而灭火,汤免于焚。姬姓始祖后稷教人民种麦菽等作物,是仁义的英雄。

三代以前的神话君王都是文化方面的英雄人物,至少记录祖先生活的人是这样讲述的,这些记载多形成于周代后期或汉代。三皇五帝中以归于黄帝的功业最突出。(图18)他是圣祖中第一位伟大的军事首领:他为夺取统治权与蚩尤相斗,在中国史上第一次大战——涿鹿(位于河北)之战中打败了他。据记载,黄帝还造车、做船、制铜镜、盖屋、始蒸饭、做弓,又发明了一种足球。其他发明则归于他的臣下:苍颉作书,伶伦造律吕,大桡作甲子,雷公和岐伯论经方。[2]

---

[1] Bernhard Karlgren, "Legends and cults in ancient China", *Bulletin of the Museum of Far Eastern Antiquities* 18 (1946).
[2] 袁珂:《中国古代神话》,中华书局1960年版,136页。(又见袁珂:《中国神话传说词典》,上海辞书出版社1985年版,347页。——译者)

第三章　巫觋与政治*

约在公元前五百年的某一天，身为春秋霸主之一的楚昭王（公元前515—前489年在位），读了《尚书·吕刑》而陷入沉思。据称这是公元前11世纪末周穆王诰吕侯之辞。文中说帝颛顼"命重、黎绝天地通"（图19）。昭王对此语不解，转而问大臣："若无然，民将能登天乎？"

大臣便向昭王讲了一个"绝天地通"的神话，这个故事现保留在公元前4世纪的著作《国语》之中：

---

*　萨满教（Shamanism）是主要流行于我国北方以及亚洲北部阿尔泰语系民族中的一种原始宗教。"萨满"一词为满—通古斯语言，原意为"因兴奋而狂舞的人"，也用来称呼萨满教巫师。这个词在我国文献中最早出现的时间是12世纪中叶，徐梦莘（南宋）在《三朝北盟会编》中说："珊蛮者，女真语巫妪也。"17世纪以来，萨满教日益受到西方学者的重视，他们做了大量调查，写了不少论著。萨满教的基本特征是以巫祝作为人神交往的媒介，由此来看，我国汉族以及南方许多民族的宗教信仰都与萨满教有相近之处。在本书中，"萨满"一词与"巫觋"、"巫师"等词通用。

　　我国有关萨满教的近著是秋浦先生主编的《萨满教研究》，上海人民出版社1985年版。早期的代表作是凌纯声的《松花江下游的赫哲族》，南京，1934年版。——译者

图 19 武梁祠画像石上的颛顼

古者民神不杂，民之精爽不携贰者，而又能齐肃衷正，其智能上下比义，其圣能光远宣朗，其明能光照之，其聪能听彻之。如是，则明神降之，在男曰觋，在女曰巫。是使制神之处位次主，而为之牲器时服，而后使先圣之后之有光烈，而能知山川之号，高祖之主，宗庙之事，昭穆之世，齐敬之勤，礼节之宜，威仪之则，容貌之崇，忠信之质，禋絜之服，而敬恭明神者，以为之祝。使名姓之后，能知四时之生，牺牲之物，玉帛之类，采服之仪，彝器之量，次主之度，屏摄之位，坛场之所，上下之神，民族之出，而心率旧典者，为之宗。于是乎，有天地神民类物之官，是谓五官，各司其序，不相乱也。民是以能有忠信，神是以能有明德，民神异业，敬而不渎，故神降之嘉生，民以物享，祸灾不至，求用不匮。及少皞之衰也，九黎乱德，民神杂糅，不可方物，夫人作享，家为巫史，无有要质，民匮于祀，而不知其福，烝享无度，民神同位，民渎齐盟，无有严威，神狎民则，不蠲其为，嘉生不降，无物以享，祸灾存臻，莫尽其气。颛顼受之，乃命南正重司天以属神，命火正黎司地以属民，使复旧常，无相侵渎，是谓绝天地通。[1]

这则神话是有关古代中国巫觋最重要的材料，它为我们认识巫觋文化在古代中国政治中的核心地位提供了关键的启示。天，是全部有关人事的知识汇聚之处。正如同代后期哲学家墨

---

[1] 颛顼命重、黎绝天地通之事，见《尚书·吕刑》、《山海经·大荒西经》；楚昭王与观射父的议论，见《国语·楚语》。——译者

子所言:"鬼神之明智于圣人,犹聪耳明目之与聋瞽也"。[1]当然,取得这种知识的途径是谋取政治权威。古代,任何人都可借助巫的帮助与天相通。自天地交通断绝之后,只有控制着沟通手段的人,才握有统治的知识,即权力。于是,巫便成了每个宫廷中必不可少的成员。事实上,研究古代中国的学者都认为:帝王自己就是众巫的首领。[2]

如果再看一看三代王朝创立者的功德,我们就会发现,他们的所有行为都带有巫术和超自然的色彩。如夏禹便有阻挡洪水的神力,所谓"禹步",便成了后代巫师特有的步态。[3]又如商汤能祭天求雨;后稷竟能奇异地使自己的庄稼比别人的长得好而又成熟快。这种传统的信仰已为商代甲骨文所证实。甲骨卜辞表明:商王的确是巫的首领。

甲骨文中,常有商王卜问风雨、祭祀、征伐或田狩的记载。又有"王果曰:……"的文句,均与天气、疆域或灾异、疾病之事有关。据卜辞所记,惟一握有预言权的便是商王。此外,卜辞中还有商王舞蹈求雨和占梦的内容。所有这些,既是商王的活动,也是巫师的活动。它表明:商王即是巫师。[4]

---

[1]《墨子·耕柱》。
[2] 陈梦家:《商代的神话与巫术》,《燕京学报》1936年第20期,485—576页;李宗侗:《中国古代社会史》,118—125页,台北华岗出版有限公司1954年版;杨向奎:《中国古代社会与古代思想研究》,上海人民出版社1962年版。杨先生在书中指明了重、黎神话的特征是"国王们断绝了天人的交通,垄断了交通上帝的大权"。(164页)
[3] 陈梦家:同上,535—536页。("禹步"之说,李轨解释甚明:"姒氏治水土,而巫步多禹。"李轨注:禹治水土,涉山川,病足,故行跛也。……而俗巫多效禹步。《法言·重黎》。——译者)
[4] 原文见陈梦家,同上,535页。

商王当然不是惟一的巫师,他有许多宗教的助手,严格讲,这些人并不都是"萨满"。本文中"萨满"一词,采用亚瑟·瓦立的定义:"在古代中国,祭祀鬼神时充当中介的人称为巫。据古文献的描述,他们专门驱邪、预言、卜卦、造雨、占梦。有的巫师能歌善舞。有时,巫就被释为以舞降神之人。他们也以巫术行医,在作法之后,他们会像西伯利亚的萨满那样,把一种医术遣到阴间,以寻求慰解死神的办法。可见,中国的巫与西伯利亚和通古斯地区的萨满有着极为相近的功能,因此,把'巫'译为萨满是……合适的。"[1]

《楚辞》中有关于古代中国巫觋的著名的凭据。它包括诗歌17篇,据说多为楚人屈原(公元前340—前278年)所作。在其中《九歌》一诗里,"巫男巫女沐浴芳香,华服盛装,随乐曲而翩跹起舞,邀众神降临殿堂"。[2]此处的"殿堂",在《云中君》里有一段描写:

> 浴兰汤兮沐芳,
> 华采衣兮若英。
> 灵连蜷兮既留,
> 烂昭昭兮未央。
> 謇将憺兮寿宫,
> 与日月兮齐光。
> 龙驾兮帝服,

---

[1] Arthur Waley, *The Nine Songs: A Study of Shamanism in Ancient China* (London: Allen & Unwin, 1955), p.9.
[2] 详见《楚辞·九歌·东皇太一》。

聊翱游兮周章。
灵皇皇兮既降,
猋远举兮云中。
览冀州兮有余,
横四海兮焉穷。
思夫君兮太息,
极劳心兮忡忡。[1]

　　这很像一首情诗。显然,巫师(或诗中的女巫)是个中介的角色,他(或诗中的她)用迷人的舞蹈和音乐招引神明降临(图20)。公元前4世纪的屈原时代之前,巫觋在楚国以外的地区是否流行过?答案无疑是肯定的。然而,早期以及其他地区的材料并不像《楚辞》中的那样明确,需要做进一步分析。首先,上文所引《国语》(可能略早于屈原的时代)楚昭王一节便是一例。其次,《山海经》里也有不少涉及巫的材料(准确地说有23条)[2],该书中有一部分公元前1000年早期便已形成。[3]书中还提及巫师登天的神山。(图21)周策纵发表了一个有趣的观点:"巫者最早使用药物,并把医术传授给了古代的君王与圣贤。"[4]

　　然而,有关《楚辞》以前古代中国巫觋的证据,还以商

---

[1] 《楚辞·九歌·云中君》。
[2] *Index du Chan Hai King*(Université de Paris: Centre d'Études Sinologique de Pékin, 1948), pp. 26—27.
[3] 蒙文通:《略论山海经的写作时代及其产生地域》,《中华文史论丛》1962年第1期。
[4] 周策纵:《中国古代的巫医与祭祀、历史、乐舞及诗的关系》,《清华学报》新12卷,1979年12月,1—59页。

图20　依《楚辞》描绘的"云中君"降临图

图 21 《山海经》里的群巫

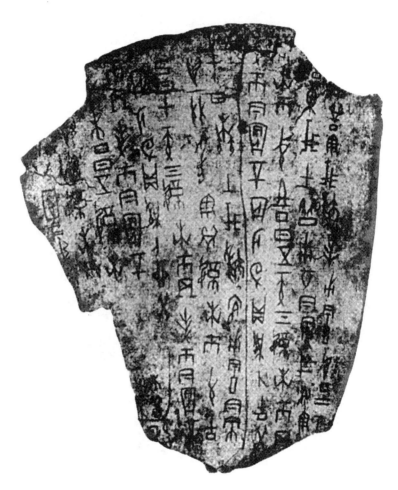

图 22　刻有卜辞的商代动物肩胛骨残片

代遗物最有说服力,这就是甲骨文和艺术中的动物纹样。[1]艺术留待第四章讨论,现在先对甲骨文做一些简略的分析。

公元前3000年中国北方的居民,是世界上最先使用动物肩胛骨占卜的民族(对兽骨加以烧灼,然后根据裂纹判断吉凶)。[2]骨卜于公元前2000年中叶的殷商时代发展到高峰,其标志有三点:除动物肩胛骨外,龟甲也广为运用;事先对甲骨进行复杂的加工(为便于烧灼,占卜之前先在甲骨上钻凿出浅窝和沟槽);把卜辞刻在甲骨上(图22、23)。[3]商朝灭亡以后,骨卜与刻辞仍被周人沿袭,但远不如商代盛行,并且很快就废弃了。但烧灼动物肩胛骨占卜的习俗,不久以前还在北半球新、旧大陆的广大地区流行过。[4]

商朝占卜活动专门为商王的仪式和政治目的服务,一般在宫廷中进行,商王届时亲临监督。众多的臣子,包括具有巫师身份的神职人员都要参加。首先要弄到甲骨,大多得从外地输入,其中约一半为牛(*Bos exiguus*)和水牛(*Bubalus mephistopheles*)的肩胛骨,另一半为龟腹甲,后者多产于华南(*Ocadia sinensis*,*Mauremys mutica*,*Cuora* 种)。甲骨稀缺,大概提高了它们作为天地交通手段的价值。甲骨使用前均做过细

---

[1] 这方面的详细研究,见 David N. Keightley, *Sources of Shang History* (Berkeley: University of California Press, 1978)。(最近,张光直先生根据仰韶彩陶上的人面鱼形图案和X光式人像,提出了"至少在仰韶时代我们已有巫师的具体迹象"的观点。详见张光直:《考古学专题六讲》,文物出版社1986年版。——译者)
[2] 见张光直,*The Archaeology of Ancient China* (New Haven: Yale University Press, 1977), pp. 175—180, 189。
[3] *Shang Civilization* (New Haven: Yale University Press, 1980), pp. 32—33.
[4] Keightley对历史时期从欧洲到北美的北半球地区所流行的肩胛骨占卜做了简明扼要的介绍,见 *Sources of Shang History*, pp. 4—5。

图23 刻有卜辞的商代龟甲。长约25厘米

致的处理，要刮削平整，甚至浸泡风干，最后施以钻、凿。占卜时，用火烧灼窝槽底部，甲骨正面就会出现游丝般的裂纹。对裂纹的解释，便是向祖先提问的回答。商王有时亲自向卜官发问，但一般是通过一个作中介的"贞人"提问，裂纹显示的卜兆则由"占人"来解释，这个角色可由卜官代替，但常常由商王亲任。

如何对裂纹做解释我们不得而知。裂纹所显示的"兆"序有时刻记在兆的旁边，但兆辞与裂纹的形状和角度似乎并无有机的联系。[1]或许卜人每次烧灼甲骨，都会在口头和心理上同祖先发生一次独特的冲突[2]，如果真是这样，这些冲突的详细情况就无从知晓了。占卜完毕，有时要在裂纹旁边刻下所提的问题，偶尔还要刻下得到的回答。[3]由卜辞得知：商王在筑城、征伐、田狩、巡游以及举行特别祭典之前，均要求得祖先的认可或赞同。他会请祖先预言自己当夜或下周的吉凶，为他占梦，告诉他王妃的生育，看他会不会生病，甚至会不会牙疼。对这些卜辞进行分析的学者，能发现很多商王宗教和仪式生活的隐秘，以及商代文化与社会各个方面的真相。

商代的占卜活动是否就是当时的巫觋行为？卜辞表明：占问的对象是久别人世的祖先，卜人扮演着中介的角色。卜辞中

---

[1] 张秉权：《殷墟卜龟之卜兆及其有关问题》，《国立中央研究院院刊》1959年第1期，231—245页。

[2] 据林声：《云南永胜县彝族（他鲁人）"羊骨卜"的调查和研究》（《考古》1964年2期，98—102页），居住在中国西南地区云南省永胜县的他鲁人，至今仍保留着烧灼羊肩胛骨占卜的习俗。每次占卜之前，卜人都要在咒语中预言裂纹的形状，而不论它显示的是吉兆还是凶兆。裂纹出现后，他便以预言为据进行解释。

[3] 关于甲骨占卜的程序，可参见李学勤：《古文字学初阶》第4章，中华书局1985年版；陈梦家：《殷墟卜辞综述》，科学出版社1956年版。——译者

时常出现"宾"这个词,在以后的古典文献中,它往往表示以客相待或客人的意思。在甲骨文里,"宾"字通常置于表示商王的字以及某位祖先的姓名或上"帝"一词的中间。包含这几个成分的句子有时被解释为"商王以宾客之礼接待某位祖先",或"商王以宾客之礼接待上帝"。[1]但其含义更可能是:商王"召唤"一位离去的祖先或上帝。《山海经》中有"启上三嫔于天"之语,可见"宾"指的是与神相会的人类首领而非其他。无论如何,商代确有一种使商王与神灵相会的仪式,可能要通过某类中介人来实现。占卜活动也同样是为了让作为中介者的卜人与祖灵会面。

鬼神的降临与巫和王的升天须以何种方式完成,尚不十分清楚,但音乐和舞蹈显然是这种仪式的一个组成部分。饮酒也可能与此有关:殷人就以奢酒而著名,许多商代青铜礼器都为酒器的造型。或许酒精或其他药料能使人昏迷,巫师便可在迷幻之中作想象的飞升?事实可能如此,但还未有确凿的证据。商代仪式艺术中动物所充当的角色会给我们带来重要的启示。[2]

---

〔1〕 岛邦男:《殷墟卜辞研究》,汲古书院1958年版,201页。
〔2〕 张先生后来提出古代中国巫师沟通天地的工具有这样几种:神山、若干种树木、龟策(甲骨和八卦)、各种动物、舞乐、药料(如酒和大麻)、琮等。译见《考古学专题六讲》,6—10页。——译者

第四章 艺术：攫取权力的手段

动物纹样是殷商和西周初期青铜装饰艺术的典型特征[1]，它于商朝安阳时期发展到高峰，但兽面的造型，至少双目和轮廓，在商代中叶的青铜器上已相当突出。它甚至可能同东部沿海地区某些更早的史前时代的黑陶和玉器装饰图案有联系。[2] 至商代晚期（安阳期）和西周初期，动物纹样已变得极其复杂多样。容庚所罗列的动物纹样有：饕餮纹、蕉叶饕餮纹、夔纹、两头夔纹、三角夔纹、两尾龙纹、蟠龙纹、龙纹、虬纹、犀纹、鸮纹、兔纹、蝉纹、蚕纹、龟纹、鱼纹、鸟纹、凤纹、象纹、鹿纹、蟠夔纹、仰叶夔纹、蛙藻纹等。[3] 安阳青铜器上

---

[1] Cheng Te-K'un（郑德坤），"Animal in prehistoric and Shang China", *Bulletin of the Museum of Far Eastern Antiquities* 35（1963），pp. 129—138；李济：《安阳遗址出土之狩猎卜辞、动物遗骸与装饰纹样》，《考古人类学刊》第9、10期合刊，1957年，10—20页。

[2] 林巳奈夫：《中国古代の獣面紋をそめぐって》，《東京國立博物館美術志》301号，1976，17—18页；又见氏著《殷王朝以前にすける玉の文化》，《東京國立博物館美術志》334号，1979，4—16页；巫鸿：《一组早期的玉石雕刻》，《美术研究》1979年第1期，64—70页；Jessica Rawson, *Ancient China: Art and Archaeology*（London: British Museum, 1980），p. 78.

[3] 容庚：《商周彝器通考》，《燕京学报专刊》第17期，北京，哈佛燕京学社1941年版。（又见容庚、张维持：《殷周青铜器通论》，第5章，文物出版社1984年版。——译者）

常见的纹样还有：牛、水牛、羊、虎、熊、马和猪。

以上的动物纹样明显分为两类：一类是写实的动物，如犀牛、鸮、兔、蝉、蚕、龟、鱼、鸟、象、虎、蛙、牛、水牛、羊、熊、马和猪；另一类则并不见于自然界，只能用古文献中神话动物的名称来命名。比较常见的有以下几种（图24）：

1. **饕餮** 《吕氏春秋·先识览》（公元前3世纪）称：

> 周鼎（另一部书说是夏鼎）著饕餮，有首无身，食人未咽，害及其身，以言报更也。

北宋（12世纪）以来的中国金石学家均沿袭此说，将商周青铜器上这种常见的神异动物面形称为饕餮。

2. **肥遗** 《山海经·北山经》中有一段描述：

> 有蛇一首两身（饕餮却有首无身），名曰肥遗，见则其国大旱。

李济建议以此名指称青铜器上当中为正向兽面，左右有细长身体向外伸展的纹饰。[1]

3. **夔** 据《说文》（公元100年成书）：

> 夔，神魖也，如龙一足。

《山海经·大荒东经》叙述最详：

---

[1] 李济：《殷墟出土青铜觯形器之研究》，台北南港：中研院1968年版，69—70页。

图 24 商代青铜器装饰纹样中的神兽。第一行：饕餮；第二行：肥遗；第三行：夔；第四行：龙

> 有兽状如牛，苍身而无角，一足，出入水则必风雨，其光如日月，其声如雷，其名曰夔。黄帝得之，以其皮为鼓，橛以雷兽之骨，声闻五百里，以威天下。

《庄子·秋水》（公元前300年）称：

> 夔谓蚿（另一种神兽）曰，吾以一足趻踔而行。

金石学家则一向用它来称呼那种仅有一足（或爪）可见的神话式的（即不可辨识的）侧面兽纹（如形象相同，但有两只以上的足或爪，则应称作龙）。

4. 龙　它是古文献中最常见的神兽。其形状如何，却无一定描述。《说文》称它为"鳞虫之长，能幽能明，能细能巨，能短能长，春分而登天，秋分而潜渊"。闻一多在论证"交龙"或"两龙"时做了如此描述：

> 龙像马，所以马往往被称为龙；龙有时又像狗，所以狗也被呼为龙，……此外还有一种有鳞的龙像鱼，一种有翼的又像鸟，一种有角的又像鹿。至于与龙最容易相混的各种爬虫类的生物，更不必列举了。[1]

龙的形象如此易变而多样，金石学家对这个名称的使用也就带有很大的弹性：凡与真实动物对不上，又不能用其他神兽（如饕餮、肥遗和夔等）名称来称呼的动物，便是龙了。

---

[1] 闻一多：《伏羲考》，《神话与诗》，中华书局1956年版。

5. 虬　据《离骚》王逸注,虬显然是一种无角的龙。

上面这些以及其他神兽的名字,都见于古书。今天的学者用这些名字来指称商周青铜器上的个别动物纹样。这些名称是否正确?如果商周之人能读到我们的金石学论著,能不能认出这些名称,同意它们的用法?这就很难断言了。

然而,就商周青铜艺术中的动物纹样而言,有几点是不容置辩的。众所周知,它们为数很多,占商代和西周早期青铜艺术纹样的大部分;它们的种类也很多,既有现实世界中可指名的动物,也有只能用古书中的神兽名称来标识的动物。此外,还应该举出另外两个特点。

其一,商周青铜器上的动物纹样常常是(虽然并非总是)成双成对,左右对称的。铜器基本的花纹构成,是环绕器物的动物纹样连续带,它以角棱隔作若干单元,每个单元都有一个动物的侧面轮廓。如果一个动物向左,其左面相邻单元中的动物便通常向右。这样,兽头的两个面就连到一起,以角棱为分界线。从中线上看,左右的兽形可视为一个兽从中一分为二再向两边展开,也可说是两个动物纹样在面部中央接在一起的结果。所以,饕餮和肥遗既可看做两个动物的结合体,也可看做被剖为两半的一个动物。这一点后面还要讨论。

其二,在殷商和可能属于西周早期的少数铜器上,有人形和动物纹样共生的现象。其中以住友氏[1]和巴黎西努奇博物馆[2]收藏的一对卣最为著名。卣上一个很小的人形似乎在与一个虎状兽相抱,人头置于张开的虎口之下。华盛顿弗利尔美

---

[1] 梅原末治:《新修泉屋清赏》,泉屋博古馆1971年版,62—65页。
[2] Vadime Elisséeff, *Bronzes archaiques Chinois au Musée Cernuschi*, Vol. 1 (Paris: L'Asiathéque, 1977), pp. 120—131.

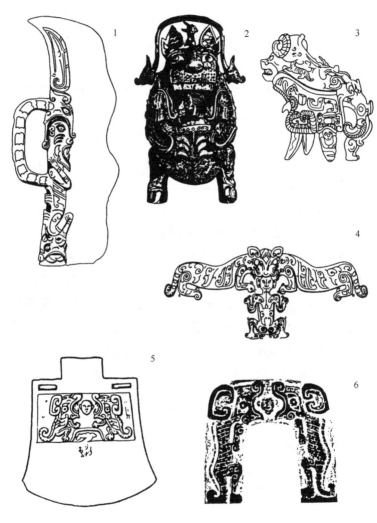

图 25 商代青铜艺术中的人—兽纹样。(1) 弗利尔美术馆藏刀;(2) 京都住友氏所藏卣;(3) 弗利尔美术馆藏觥;(4) 安徽阜南出土尊上的图案;(5) 安阳殷墟五号墓出土钺;(6) 殷墟出土鼎耳上的花纹

术馆收藏的一只铜觥[1]和一把铜刀[2]，30年代于安阳殷商王室墓地东区出土的一尊方鼎的把手[3]，1976年于安阳小屯妇好墓出土的一件青铜钺[4]，以及1957年于安徽阜南出土的一只铜尊[5]，都带有人—兽相合的主题。除了兼有人、兽之外，这些青铜器还有其他共同的装饰特征：动物张开大嘴，人头靠近或在兽口之下；人头或人体与兽头或兽身形成垂直角；所有动物纹样都与虎形相似。同时又有重要的差异：京都、巴黎和华盛顿收藏的器物上，与人相连的动物都是单个的，其余三件都是两个动物相对，人头则夹在它们张开的大口之间；有的器物上以一个人头代替人，其他的则带身体；卣上的人与兽相抱，别的器物却人兽分开。（图25）

对商周青铜器上动物纹样的任何一种阐释，都必须对上述全部而不是几个特征做出说明。换言之，有关动物纹样的分析不仅涉及一个问题，而是牵连到一连串问题：商周青铜工艺者为何用动物纹样作装饰？它们对商代思想意识有什么样的功用？为什么有种种类别？为什么成双成对？为什么有时与人像相结合？为什么人与兽要以具有如此特征的形式相联系？

动物纹样的意义

商周青铜器上的动物纹样究竟有没有意义？即商周艺术家

---

[1] John A. Pope, et al., *Freer Chinese Bronzes*, Vol. 1 (Washington, D.C.: Freer Gallery of Art, 1967), No. 45.
[2] 据作者拍摄的照片。
[3] 陈梦家：《殷代铜器》，《考古学报》1954年7期，15—59页。
[4] 《安阳殷墟五号墓的发掘》，《考古学报》1977年2期，图版13.2。（又见《商周考古》，彩色图版1。——译者）
[5] 葛介屏：《安徽阜南发现殷商时代的青铜器》，《文物》1959年1期，封里。

们有没有赋予动物纹样图像上的意义？研究古代中国青铜文化的学者大多相信这种意义的存在。历来的研究多不胜举，它们或从中发现了熟悉的图腾，或指出了某种动物所代表的神。但是，商周文献却极少将某种纹样同特定的图腾或神祇连在一起。另一方面，有少数人（他们得到强有力的支持）认为：动物纹样系几何纹饰演变而来，因而是后来添加的东西，没有任何含义。持这种立场，并被人们引述最多的是马克斯·罗越（Max Loehr）的论述：

> 如果商代青铜器纹样仅是纯粹的装饰，仅是图案本身，而与真实事物毫无联系，或者最多只有含混不清的联系，那么，我们便必须说：它们并无任何确定的意义，既没有宗教的、宇宙观的或神话学的意义，也没有任何既定的文学意义。很可能这些纹样并无图像的意义，如有，也只能是纯粹形式的——如像音乐的形式，它与文学的定义截然不同。[1]

与上述观点相对的立场很清楚，其结论不言自明。我相信这个问题可以同时从两方面入手：一是分析动物纹样的演变历史，看几何图案是否在动物纹样之前产生；二是以有说服力的事实为据，提出一个有关图样的解释。关于第一点，我们可以简洁地说，动物纹样不仅于古代中国最早的青铜装饰图案产生时就已存在，而且可以追溯到新石器时代。对于第二点，我们必须提出一个令人信服的意义阐释理论。这个理论应直接产生

---

[1] Max Loehr, *Ritual Vessels of Bronze Age China* (New York: The Asia Society, 1968), p. 3.

于对文献和考古材料本身的分析，应能照顾到上述动物纹样的全部特征。我相信这个理论的存在。

实际上，青铜礼器以及上面动物纹样的意义，在先秦古籍里早已有解释。我们可以回忆一下《国语》中有关绝地天通的神话，第三章引用的原文里提到两个词："物（动物牺牲）"与"器（祭祀用器）"。文中对这两个词的用法表明：天地之间，或祖灵及其余神祇与生者之间的沟通，要仰仗巫觋；而祭器和动物牺牲则是天地沟通仪式中必须配备之物。

既然青铜礼器是协助神民沟通仪式之用，那它们上面的动物纹样会不会是必不可少的附属物？《左传》宣公三年（公元前606年）对此做了明确的回答。这年楚庄王伐陆浑之戎，率兵进到洛河的时候，便在周都洛阳不远的地方停下来举行阅兵式。周定王使王孙满慰问楚庄王，庄王恬不知耻地向他询问鼎之大小轻重。王孙满回答说：

> 在德不在鼎。昔夏之方有德也，远方图物，贡金九牧，铸鼎象物，百物而为之备，使民知神奸。故民入川泽山林，不逢不若，螭魅魍魉，莫能逢之。用能协于上下，以承天休。[1]

这段话历来有多种解释[2]，但简而言之，其含义是说，夏人铸了铜鼎，又把物的形象放在上面，以使人知道哪些动物是助人通天地的，哪些动物是无助甚至有害于人的。王孙满已经告诉我们：有些动物能帮助巫觋沟通天地，而它们的形象便

---

[1]《左传》宣公三年。
[2] 例如江绍原的《中国古代旅行之研究》，台湾商务印书馆1966年重版。

铸在古代的青铜礼器上。这是王孙满答楚王问的一个要点，因为他最后说：周王同上天仍然保持着频繁的交往！

《左传》这段文字的关键，便是"物"这个词。它不能解释为"物品"，而应作"牺牲之物"或"助巫觋沟通天地之动物"解。其根据为两点事实：其一，我们所见的古代礼器上全是动物而无其他"物品"，所以《左传》中所谓"铸鼎象物"只能指动物；其二，这段文句说明，铸鼎象物之目的是"用能协于上下，以承天休"，这与上文《国语》关于青铜礼器功能的叙述完全一致。如果青铜礼器是巫觋沟通天地所用配备的一部分，那么毫不奇怪，上面所铸的动物纹样也有对此予以辅助的功用。

"物"这个字能否这样使用？它在《左传》里出现了六七十次，意义也不一，但在不少场合它都表示"神物"或"牺牲之物"。定公十年（公元前500年）云："叔孙氏之甲有物。"根据我们对古代铠甲的认识，这个物象只能是动物纹样而非"物品"。庄公三十二年（公元前662年）条有这样一段话：

> 秋七月，有神降于莘。惠王问诸内史过曰：是何故也？对曰：国之将兴，明神降之，临其德也。将亡，神又降之，观其恶也。故有得神以兴，亦有以亡。……王曰：若之何？对曰：以其物享焉。其至之日，亦其物也。[1]

这里的"物"通常释为"牺牲"，它因神因日而异。这段记载与前文所引《国语》绝天地通的文句有联系，它表明：这

---

〔1〕《左传》庄公三十二年。

里的作牺牲的动物,也就是能助巫觋通天地的动物;而以动物祭祀,也就是实现天地神人交通的一种具体方式。[1]因此我们必然得出这样的结论:商周青铜器上的动物纹样有其图像上的意义:它们是协助巫觋沟通天地神人的各种动物的形象。

上文论述龙时曾提及"二龙"一词。它数次出现于《山海经》中,每次露面都与在天地之间传递信息的使者有关。《山海经·大荒西经》叙述了夏代第二代统治者启(或开)的人所周知的活动:

> 西南海之外,赤水之南,流沙之西,有人珥两青蛇,乘两龙,名曰夏后开。开上三嫔于天,得九辨与九歌以下。[2]

这个形象再度出现于《海外西经》中,也乘着两龙。夏后开无疑是将天上的乐章与诗歌带到人间的英雄,此时他便是一个巫师,得到两蛇和两龙的帮助。这些龙与蛇也是上帝使者四方之神的标准配备(图26):

> 东方:"东方句芒,鸟身人面,乘两龙。"(《海外东经》)
> 西方:"西方蓐收,左耳有蛇,乘两龙。"(《海外西经》)
> 南方:"南方祝融,兽身人面,乘两龙。"(《海外南经》)

---

[1] 见傅斯年:《跋陈槃君,〈春秋公矢鱼于棠说〉》,《历史语言研究所集刊》第7期第二分册,194—197页,1938年。卜辞中的"物"字尚不十分明显,有时与"犁"字混同。见李孝定:《甲骨文字集释》,《历史语言研究所专刊》第50本,317—330页,台北1970年再版。

[2] 又见于《楚辞·离骚》:"启九辨与九歌兮,夏康娱以自纵。"

北方:"北方禺彊,人面鸟身,珥两青蛇,践两青蛇。"(《海外北经》)

另本作:"黑身手足,乘两龙"(《海外北经》)。郭璞(276—324年)《山海经》注称:上帝使句芒赐奉穆公十九年寿,又谓蓐收为帝少皞之神。龙与蛇可能与他们为上帝沟通人间的使命有关。频繁提到龙的《山海经》一直被当做"古代的一部巫觋之书"[1],这是非常值得注意的。另一部也提到两龙的书是《楚辞》[2],它也是周代后期又一部与巫觋传说有关的著作。[3]这些材料关于龙蛇能助巫师升天的说法进一步证明了:商周青铜器上的动物纹样也扮演了沟通人神世界的使者的角色。

《国语》、《左传》、《山海经》和《楚辞》固然都是周代后期的文献,但众所周知,这些书中都有一些殷商和周代早期的史料。并且其中的宗教和宇宙观,都在一定程度上承袭了过去时代的东西。就巫觋沟通天地和动物充当助手而言,商代甲骨卜辞中便可以找到有关的证据。占卜本身,就是借助动物甲骨来实现的,可见它们的确是沟通天地的工具。此外,卜辞表明,上帝自有一批使臣为其奔走,其中包括"帝使凤"。[4]商周青铜器上的动物形象便是这方面的直接证据。

---

[1] 袁行霈:《山海经初探》,《中华文史论丛》1979年第3辑,7—35页。
[2] 黄河之神河伯也乘两龙,见《九歌·河伯》:与女游兮九河,冲风起兮水扬波。乘水车兮荷盖,驾两龙兮骖螭。
[3] 见凌纯声:《铜鼓图文与楚辞九歌》,《国立中央研究院院刊》第一辑,1954年,403—417页;藤野岩友:《巫系文学论》,大学书房1969年版;Chan Pin-leung(陈炳良),"*Ch'u Tzu* and the shamanism in ancient China", diss., Ohio State University, 1974.
[4] 陈梦家:《殷墟卜辞综述》,572页。

图26 《山海经》中的四方使者。上左：东方句芒；上右，西方蓐收；
　　　下左：南方祝融；下右：北方禺疆

以上所有关于青铜礼器和动物作用的复原和推论，在民族学家所考察的近代巫术社会中仍有踪迹可寻。正如叶理雅得（M. Eliade）所言："萨满们还有一批专属他们自己的精灵，其他人和献祭的人对此毫不知晓……这些作为伙伴，充当助手的精灵多作动物状。在西伯利亚和阿尔泰人中间，他们有熊、狼、雄鹿、兔、所有种类的鸟（尤其雁、鹰、鹗、乌鸦等），各种大虫子，此外还有幽灵、树的精灵、泥土的精灵、灶神等等。"[1] 按照学者和萨满资料提供者的说法，"萨满的神力在于他能使自己随意进入迷幻状态……鼓声与舞蹈并作，使他极度兴奋，并把他的伙伴，如野兽和鸟类召到身边。这些旁人看不见的动物能助他一臂之力，帮助他升天。他也是在这种迷幻癫狂之时施展法术，并在迷昏中像鸟一样升向天界，或像驯鹿、公牛或熊一样降到地界"。[2] 召唤萨满动物伙伴最通行的办法，是以这些动物作牺牲，使它们的精灵自躯体中解脱和升华出来（图27）。

下面这个有趣的例子，便讲了一位巫师如何利用动物精灵使自己飞越各种障碍。在一个中国东北满族的长篇故事里，女巫尼三（Nisan）正在漫长的行程中跋涉，当她

> 到达红河岸边……举目四望，并不见可供她渡河的船只，甚至没有一个人影。于是她再也没有别的办法，只好开始哼哼，急找她的精灵：

---

[1] Mircea Eliade, *Shamanism: Archaic Techniques of Ecstasy* (Princeton University Press, 1964), pp. 88—89.

[2] Joseph Campbell, *The Masks of God: Primitive Mythology* (New York: Viking Press, 1959), p. 257.

图 27 西伯利亚楚克奇人（Chukchee）所绘的正在仪式中上升的动物精灵。
左图表示秋祭海神。海神及其妻在图中右上角。萨满正在帐中作法，祭器在地上。左边的动物精灵正在上升，一为鸟，一为狐
右图表示丧葬祭祀。动物牺牲置于右边；它们的精灵正升往死神的住所；死者在敲死神的门

  爱枯里，叶枯里，大鹰，

  爱枯里，叶枯里，在天上盘旋的，

  爱枯里，叶枯里，银色鹈鸰，

  爱枯里，叶枯里，在海上转的，

  爱枯里，叶枯里，恶蛇，

  爱枯里，叶枯里，沿着河岸蠕行的，

  爱枯里，叶枯里，八条蟒蛇，

  爱枯里，叶枯里，沿着涧河走的——

  爱枯里，叶枯里，年轻的神主，我自己，

  爱枯里，叶枯里，要渡过，

  爱枯里，叶枯里，这条河。

  爱枯里，叶枯里，你们全部精灵，

  爱枯里，叶枯里，把我抬起来，把我渡过去，

  爱枯里，叶枯里，赶快！

  爱枯里，叶枯里，显露你们的力量！

  爱枯里，叶枯里。

念了咒语以后，她便把她的小鼓投入河中，她自己便踏在上面，像一阵旋风样她在一瞬间便渡过了河。

最后她到达了目的地，这是一个城镇，可是城门关得紧紧的。于是，她又念起咒语，召唤天上翱翔的大鸟，檀香木上的食鱼鸟，橡木上的獾，九条蛇，八条蟒，小虎，狼獾，金色鹁鸽，银色鹁鸽，飞翔的鹫，铅色的鹰，多色的鹰和成群的雕。当她念完词后，这些精灵都飞了起来，好像云雾一般。[1]

对于三千年前商周时代的中国人来说，这种当代的萨满教记述本身并不能说明任何东西。但是，对当代巫觋活动以及动物伙伴在其中的作用所做的观察却证明：古代中国人告诉我们的，以及我们依据考古和文字资料重建起来的，确是人类社会中实际运作的系统。

由这些例子还可以看出：动物伙伴并非别的，而正是巫师和人们在日常生活中常见到的普通动物，李济说：

这一时期装饰艺术家所使用的大多数动物纹样，不论是石刻、铜铸、木器镶嵌，还是陶制或玉磨，都是以本地

---

[1] Margaret Nowak and Stephen Durrant, *The Tale of the Nišan Shamaness*: *A Manchu Folk Epic* (Seattle: University of Washington Press, 1977), pp. 62—63、67.（我国东北的赫哲族萨满在跳神时要邀请众神前来帮助，其中大多是动物，如鳇鱼、水獭、鲸、杜鹃、大雕、大鸭、王哥鸟、布谷、虎、金钱豹等；巫师请神的唱词与满族女巫尼三的咒语颇有相似之处，详见秋浦：《萨满教研究》，70—72页。据凌纯声记载，赫哲族萨满所用的神具都贴缝有爬虫图案，如神衣上有蛇、龟、蛙、蜥蜴和短尾四足蛇，神手套上有龟和蜥蜴，神鞋上有龟，神鼓上有龟、蛇、蛙、蜥蜴。见凌纯声：《松花江下游的赫哲族》，107—108页。——译者）

的和写实的风格为背景发展而来的。[1]

他指出作为商代艺术装饰纹样的动物,有鹿、牛、水牛、山羊、绵羊、羚羊、犀牛、象、熊、马、虎和猪,还有鸟、爬虫、昆虫、两栖动物、鱼和虫子。它们都可能做过巫师的助手,如果上文的论述无误的话,也多半充当过祭祀的牺牲。至于饕餮、肥遗、夔、龙等神兽,尽管不是真实的动物,但也明显是从牛、羊、虎、爬行动物等自然界实有的动物转化而成的。如李济所说:

> 镶嵌艺术……使刻木头的人们在处理按规则分割好的材料时有了更多表现的自由,这是他们以往仅同一截截木头打交道时所未曾得到过的。这一点,在镶嵌工人要在平面上表现主体的形态时更易见出。他们的方法是将立体的动物分割为相等的两半,拼入一个两度空间的平面之中。这种新的配列法为这些艺术家带来了自由感,使他们能任其想象力沿着这个方向发展;他们开始按这个模式来处理动物身体的各个部分,并把甲动物的一部分配合于乙动物的另一部分,反之亦然;或夸张身体之一部而忽略他部;这种想象力的发挥仅受到装饰面范围的限制。装饰艺术家们一定为获得这种新的创作自由而兴奋不已;很快地,雕刻工、陶工、玉工和铜工亦相继仿效。因是之故,乃有虎头加于猿身、人头长出两角之现象出现……不过,重要的是应看到,他们的题材都是来自于他们与现实世界的直接

---

[1] 李济:《安阳遗址出土之狩猎卜辞、动物遗骸与装饰纹样》,12页。

交往。[1]

动物纹样的其他特征

上文我们谈了商周动物纹样的两个典型特征——常常在器物上作对称的排列,并偶尔与人同时出现。前面对动物纹样意义的分析能不能用来解释这两个特征?

1908年,罗振玉对古代中国青铜艺术中人与兽并存的主题最先提出了解说,他形容住友氏收藏的卣"作一兽攫人欲啖状"[2];容庚则称它为"饕餮食人卣"[3],这个名称已为中国古器物学家所接受,它是基于从敌对的或更坏的方面来理解人—兽关系而提出来的;《吕氏春秋》称饕餮"食人"[4],又正与这种理解相符。

如果对这七件人兽同现的器物再做仔细观察便会发现,并无确凿的证据说它们表现的是食人的情状。京都和巴黎的两件卣:人以双臂抱住兽身,两脚稳立在动物的后爪上;阜南和安阳的器物:人脸为正面,夹在两个张开的兽口之间而并非在兽口之中。我们无疑应该看一看,关于张开的兽口以及把人头放在兽口之下或旁边,有些什么样的解释。

世界各地都有人形与张开的兽口共存的装饰纹样。纳森·

---

[1] 李济:《安阳遗址出土之狩猎卜辞、动物遗骸与装饰纹样》,16页。可与谭旦冏的文章相比较,见《饕餮纹的构成》,《历史语言研究所集刊外编》第4种,1960年,274页。
[2] 罗振玉:《俑庐日札》。
[3] 容庚:《商周彝器通考》,419—420页。
[4] 董作宾在《饕餮食人卣》一文中已指出了这一点。《大陆杂志》,1954年第9期,35页。

吴（Nelson Wu）指出：

> 蛇纹是宗教艺术中常见的主题，它是一种与水、与冬眠相联系的动物。人们常用一个拼合动物形象来表达这个主题，其中以印度神秘的玛卡拉（Makara）最为常见。在乌达亚给瑞（Udayagiri）开凿蛇洞（Sarpa Gumpha）就是这些观念的体现，蛇洞进口在蛇纹的头部下面。虎洞（Bagh Gumpha）便在附近，大开的虎嘴就是进口。其他文化也普遍以这种方法来分隔两个世界。洪都拉斯哥班（Copan）地区的22号陵墓中便有蟒蛇的洞口；中国青铜器上的饕餮纹则是划分两个世界的又一例证。[1]

张开的兽口可能是把彼岸（如死者的世界）同此岸（如生者的世界）分隔开的最初象征。这种说法与我们把动物纹样视为巫觋沟通两个世界的助理的观点是完全吻合的。由此来看，铜器上的人形非巫师莫属，他正在动物的帮助下升天。[2]张开的兽口可以在旧石器时代的纹样中找到原型，但在古代中国的器物上，它也可以表示动物张口嘘气；当时的人相信风便起源于此。风是另一个天地交通的基本工具。

---

[1] Nelson I. Wu, *Chinese and Indian Architecture* (New York: George Braziller, 1963), p. 25.
[2] 不能将此同那种认为饕餮代表着巫师面具的说法相混淆，尽管巫师很可能戴过饕餮形状的面具。见Jordan Paper, "The meaning of the t'aot'ieh", *History of Religions* 18 (August 1978): 18—41; Carl Hentze, "Eine Schamanentracht in ihrer Bedeutung für die Altchinesische Kunst", *IPEK* 20 (1963): 55—61。

图28 《山海经》中因因乎(左)和不廷胡余(右)的形象

《山海经》里可找到将动物置于人头两旁和动物嘘气成风的记载,其中很多段落都提到有巫师一耳或两耳珥蛇。(见《海外西经》、《海外北经》、《海外东经》和《大荒东经》、《大荒南经》、《大荒西经》、《大荒北经》各条)最令人感兴趣的神(或巫师)是《大荒南经》里的不廷胡余,他珥两青蛇,践两青蛇,与嘘气成风的因因乎为伴(图28)。动物嘘气成风的叙述则与神秘的烛阴或烛龙有关:

> 钟山之神，名曰烛阴，视为昼，瞑为夜，吹为冬，呼为夏，不饮不食不息，息为风。身长千里，在无䏿之东。其为物，人面蛇身，赤色。（《海外北经》）

这个烛阴可能是开天辟地的盘古的前身，徐整（公元3世纪）《五运历年记》形容他"气成风云"。上面提到，殷商卜辞称风为帝之使者；商代甲骨文中，凤与风为同一个字。正如东、南、西、北四方都有其乘两龙的使者一样，它们也都各有其风[1]。青铜艺术中的动物可以张口成风，以为巫师升天助一臂之力。巫师形象、动物助手以及嘘气成风的兽口在一件青铜器上相结合，恰以一种最完整的形式记录了甚至引发了天地沟通的行为。

不论动物张口与嘘气为风之间有什么样的直接联系，人（可能是巫师）的头置于兽口之下或旁边，明确表现了人兽关系之密切（而不是敌对）。正如纳森·吴和更早以前韩策（Carl Hentze）所指出的[2]，无论在中国还是在中美洲的古代艺术中，人—兽纹样都是装饰的主题。以古代阿兹特克人（Aztec）人为例，巫师要为每个新生的孩子指定一个动物伴随其度过一生，这个动物将成为孩子的保护者、助手、伙伴，甚至"我的另一半"（alter ego）。[3]在古代艺术中，这个另一半

---

[1] 陈邦怀：《殷代社会史料征存》，天津人民出版社1959年版，"四方风名"条。

[2] Carl Hentze, *Objets rituels, croyances et dieux de la Chine antique et de l'Am'erique* (Anvers: De Sikkel, 1936); idem, *Die Sakralbronzen und ihre Bedeutung in den Fruehchinesischen Kulturen* (Antwerp: De Sikkel, 1941); idem, *Bronzegerät, Kultbauten Religion im ältesten China der Shang-Zeit* (Antwerp: De Sikkel, 1951).

[3] Maguel Leon-Portilla, *Aztec Thought and Culture* (Norman: University of Oklahoma Press, 1965).

常以动物的面目出现，它骑在人类伴侣的背上，或把伴侣的头放在口中。事实上，这种纹样是环太平洋分布的。[1]我们并不一定主张凡此类纹样都只有一个发源地，但美洲文化的例子却为我们了解中国的情况提供了有用的线索。将青铜器上的人形解释为巫师，动物解释为助手的观点显然与"我的另一半"的图样相一致。新大陆的艺术还使我们领悟到：中国青铜器上与人在一起的动物都是虎。在美洲的早期艺术当中，虎（jaguar）就是统治阶级成员的"我的另一半"。正如前文所述，商王有时又被称为群巫之长。[2]很有可能，中国古代器物上的人—兽纹样不仅是沟通天地的巫师的代表，而且是商王或他某位近亲的代表。

最后，让我们来看一看商周动物纹样成双成对的现象，它与古文献里所说的"两龙"是一致的。要解释这种现象，首先必须说明纹样构成的一个重要原则，即铜器上正面的兽纹是一个动物剖分为二，然后向两边展开在一个平面上的结果呢，还是将两个动物在面中部相接而合成的一兽？第一种看法显然占据优势。葛利欧（H. G. Creel）是最早对此做出推测的学者之一：

> 饕餮的特征是，它把兽头表现为好像被从中一剖为二，两半各向一边展开，又在鼻子中央合一。……如果将两半合起来看，便是一个十分完整的饕餮；而从正面看，其两眼、两耳、两角和下颌表现了两次。让我们用

---

[1] Douglas Fraser, *Early Chinese Art and the Pacific Basin*, *A Photographic Exhibition* (New York: Intercultural Arts Press, 1968).
[2] 陈梦家：《商代的神话与巫术》，532—576 页。

手遮住右边那一半图案，左边的这一部分便是一只龙的侧影。[1]

这里所说的"下颌"，更像是上颌的延长，因为纹样中很少表现动物的下颌。以上这种看法，与北美西北海岸印第安人木雕所普遍使用的动物剖分手法完全一致。[2]

然而，与之相反的论点也同样言之有理：饕餮和肥遗应看做两个动物纹样在脸中部的合一。前面我们引证过李济的看法，他认为饕餮是由镶嵌艺术和分剖纹样中产生的。在以后的论著里，李济似乎又倾向于相反的说法，至少是另一种可能。他在研究安阳小屯出土铜鼎上的动物饰带时，列出了一个动物纹样的演变序列（他认为这不一定符合时间顺序，只是逻辑的安排），起始为两条单独的、面对面的龙；结尾是一条典型的肥遗圈带，正中是一个正向的兽面（图29）。[3]

以上两种关于饕餮和肥遗的解释，并不一定相互排斥：这两种演变形式都可能出现过。任何定论都必须以更大量的器物断代为基础，并能以此证明众多纹样形式的实际年代顺序。有关成对动物纹样起源的整个问题，与商代世界观有着极为直接的关系，有的问题则涉及动物纹样的意义。例如，列维—斯特

---

[1] Herrlee G. Creel, *The Birth of China* (New York: Frederick Ungar, 1937), p. 115.
[2] Herrlee G. Creel, "On the origins of the manufacture and decoration of bronzes in the Shang period", *Monumenta Serica* 1 (1935/36): 64.
[3] 李济：《殷墟出土青铜鼎形器之研究》，《中国考古报告集新编》第四本，81—82页，中研院历史语言研究所1970年版。

劳斯（C. Lévi-Strauss）[1]便从中看到了商代世界观的两分倾向（dualism），而这种倾向可能是将立体动物头像中剖分为二以转化为平面形象这种技术上的需要而造成的。[2]另一种相反的观点则认为：商代青铜工艺上的两分倾向只是问题的一面；只有同时看到渗透于商代制度与思想之中的两分倾向，才是问题的全貌。

从与商代有关的考古和文献资料中透露出的其他两分现象是显而易见的。（1）小屯商代都城的宫殿——宗庙基址分为东西两列，沿南北轴向一线排列。[3]（2）据信埋葬着最后十一位商王的王陵分为东西两区，西区有七个大墓，东区有四个大墓，两区之间有一百余米的距离。[4]（3）卜辞在龟版上的排列左右对称，一边的贞问采取"正面"口气，另一边采取"反面"口气（图23）。[5]（4）据董作宾对甲骨卜辞的研究，安阳商代诸王礼制可分为旧派和新派。[6]（5）据高本汉（Bernhard Karlgren）统计，从青铜器装饰纹样在同一器物上结

---

[1] 列维—斯特劳斯，法国著名人类学家，结构主义的代表人物。曾任法兰西学院社会人类学主任和国际社会科学理事会常任秘书等职。1968年荣获法全国科学研究中心金质奖章。代表著作有《神话学》、《结构人类学》等。有关他生平与理论的介绍，请看利奇（Edmund Leach，又译李奇）《列维—斯特劳斯》，三联书店1986年版（再版）；皮亚杰：《结构主义》第6章，商务印书馆1986年版。——译者

[2] Claude Lévi-Strauss, "Split representation in the art of Asia and America", in Lévi-Strauss, *Structural Anthropology* (New York: Basic Books, 1963), pp. 245—268.

[3] 董作宾：《甲骨学六十年》，台北艺文书局1965年版，30页。又见张光直：《中国青铜时代》，197—208页，三联书店1983年版。——译者

[4] 高去寻：《安阳殷代皇室墓地》，《国立台湾大学考古人类学学刊》，13/14（1959年），1—9页。

[5] 周鸿翔：《卜辞对贞述例》，香港万有书局1969年版。

[6] 董作宾：《殷墟文字》乙编序，中央研究院历史语言研究所1948年版。

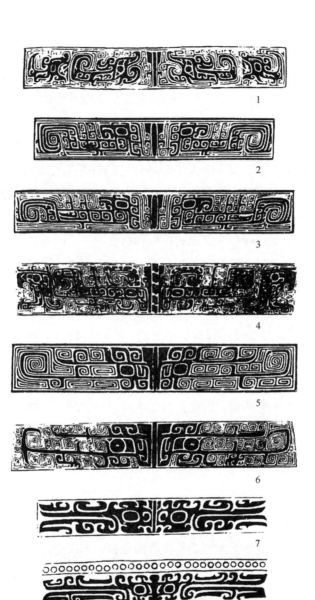

图29 1—8 为动物纹样演变的"逻辑序列"。
来自殷墟出土的商代铜鼎上的装饰花纹带

合的方式来看，它们应分作 A、B 两种风格。[1]

在对上述现象分析的基础上，我于 1964 年提出：二分制度是研究商代社会的一个关键，并指出，殷礼中的二分现象与王室之内分为昭穆两组似乎有很密切的关系。[2] 王室的二分制度我已做过详细的讨论[3]，此处只做一个概略的介绍。商代王族分为十组，以十个天干命名；它们既是祭祀和政治单位，也是外婚单位。王位在十个天干群中轮转；而这十干又分为两组，一组以乙群为主，另一组以丁群为主。王族的分组可以用来说明小屯宫殿——宗庙的排列和西北冈王陵的布局，或许还可用它来解释商代祭祀中新旧两派的分立现象。

我们面临的问题并不是商代王制的特征，这一点在此不可能详加论述。但是本文的假说能否圆满说明商周艺术中的"两龙"现象？我的回答是肯定的，原因是我们了解了殷商的王制。在王族分为两组的情况下，王室祖先在另一个世界里也应做相似的排列。当巫师为王室而往来于两个世界之间时，必须兼顾到昭穆两组。因此，祭祀中的动物助理也自然要成双成对。巫师乘"两龙"，有脚踏两只船的意思，目的在保持与人间现象相适应的适当的社会与政治平衡。

小　结

以上对商周艺术中动物纹样的分析，不仅能使我们认识它

---

[1] Bernhard Karlgren, "New studies in Chinese bronzes", *Bulletin of the Museum of Far Eastern Antiquities* 9（Stockholm 1937），pp. 1—117.
[2] 张光直：《殷礼中的二分现象》，见《中国青铜时代》，197—219 页。
[3] 张光直：《商王庙号新考》、《谈王亥与伊尹的祭日并再论殷商王制》，见《中国青铜时代》，135—196 页。

们的宗教功能，而且说明了为什么带有动物纹样的商周青铜礼器能具有象征政治家族财富的价值。很明显，既然商周艺术中的动物是巫觋沟通天地的主要媒介，那么，对带有动物纹样的青铜礼器的占有，就意味着对天地沟通手段的占有，也就意味着对知识和权力的控制。占有的动物越多越好；因此正如《左传》所说："远方图物"，所有的"物"都铸入了王室的青铜器之中。很可能王室的巫师和地方的巫师所拥有的动物助手也是分层分级的。

从巫觋的角度对商周艺术中的动物所做的解释还告诉我们：商周时代以动物为助手或使者的巫师，的确干着"飞"往祖先或神灵世界的勾当。动物的这种功能绝不仅见于殷商和周代早期。若干东周艺术品（图30）里也出现了"驭"兽的人物形象。它们很可能描绘的是东周的巫师及其动物助手，当然，这些图像中的人兽位置关系同早期人—兽纹样中所反映的并非完全一致。

图30 东周艺术中的巫师及他们乘骑的动物。上左：一件壶上部的纹饰
上右：洛阳墓中出土的玉人
下左：湖南长沙楚墓帛画上的各种形象，属楚文化
下右：长沙出土的另一幅帛画

第五章　文字：攫取权力的手段

古代中国引起过"天雨粟，鬼夜哭"的重大事件是什么？《淮南子》[1]（公元前2世纪成书）告诉我们：这些怪异现象皆因苍颉作书而生。（图31）古代中国神话充满了对灾异的描述，却很少吉庆的记载。文字的发明怎么会有如此惊天动地的意义？文字记录曾保守过统治人类世界的秘密；文字载体之所以能与它包含的信息融为一体，原因是一旦人发明了书写，文字本身便成了沟通天地之工具的一个组成部分。换言之，媒介至少也是信息的一部分。"中介者"（media people）——掌握书写技能的人——是中国历史上最早靠文字获取和传播知识，并以此谋生的人。

如果真如战国（公元前450—前220年）后期一些传说所言，苍颉是文字的发明者，"仿鸟兽迹而作书契"[2]，我们却并未找到有关他生平的记载，也未寻见他埋葬的痕迹。然而，

---

[1] 《淮南子·本经篇》："苍颉作书而天雨粟，鬼夜哭。"（高诱注：苍颉始视鸟迹之文造书契，则诈伪萌生。诈伪萌生则去本趋末，弃耕作之业而务锥刀之利，天知其将饿，故为雨粟。鬼恐为书文所劾，故夜哭也。）——译者

[2] 《世本·作篇》："黄帝使苍颉作书。"许慎《说文解字》序："黄帝之史苍颉，见鸟兽蹄远之迹，知分理之相别异也，初造书契。"参见袁珂：《中国神话传说词典》，185页。——译者

图 31　神话人物苍颉的想象画像

近年的考古材料却证明：中国的文字经历了一个漫长而渐进的发展过程，并可能是在几个地区独立产生的。[1]

很多史前遗址出土的陶器或陶片上，都发现了刻画纹，它们明显具有符号的特征（图 32），这些遗址的上限始于仰韶文化前期（公元前 5000 年前），下限则止于史前时代末叶（年代因地而异）；其分布范围遍于全国，即从整个黄河流域直到南方和东部的沿海地带。它们是：[2]

---

[1] 参见李学勤：《考古发现与中国文字起源》，《中国文化》第二辑，复旦大学出版社 1985 年版。——译者

[2] 张光直：*Shang Civilization*（New Haven：Yale University Press, 1980），p. 243。（参见李学勤：《古文字学初阶》第 3 章，中华书局 1985 年版；汪宁先：《从原始记事到文字发明》，《考古学报》1981 年第 1 期；石兴邦：《西安半坡》，科学出版社 1963 年版；李济：《城子崖》，中央研究院历史语言研究所 1934 年版；青海考古队：《青海乐都柳湾原始社会墓地反映出的主要问题》，《考古》1976 年第 6 期；西安半坡博物馆：《临潼姜寨新石器时代遗址的新发现》，《文物》1975 年第 8 期；上海市文管会：《上海崧泽遗址的试掘》，《考古学报》1962 年第 2 期。——译者）

图32　陕西临潼姜寨仰韶文化遗址中发现的陶器符号

1. 仰韶文化（公元前5000—前3000年）：陕西西安的半坡；陕西长安秦渡镇的五楼；陕西临潼的姜寨；陕西邠阳的莘野；青海乐都的柳湾。

2. 大汶口文化（公元前4500—前2500年）：山东莒县的陵阳河；山东诸城的前寨。

3. 龙山文化（公元前3000—前2200年）：山东济南龙山的城子崖。

4. 东南沿海文化（公元前2500—前500年）：上海崧泽；上海马桥；浙江杭县的良渚；台湾高雄的凤鼻头；广东海丰的菝仔园，宝楼；香港南丫岛的大湾，大屿岛的石壁。

这个名单肯定不会就此中止。[1]但我们所掌握的可靠材料已足以说明这些符号的某些主要特征。首先，它们均单个出现，尚未连缀成书面语言；其次，陶器符号大多是在器皿烘烧以前刻上去的，仅有少数例外，并且带符号的器物在每个遗址出土的陶器中仅占很小的比例（李孝定估计不到0.5%）。[2]第三，仅有数量很少的不同符号，而一个符号同时见于一个以上遗址的就更少。据李孝定统计[3]，史前遗址中共出现八十八个符号，其中仅有十六个在一个以上的遗址中发现。因而很难由此做出更多的推论。我们只能说，曾经可能有一种依特定条件和某种原因在陶器上作记号的习俗，这种习俗在全国都有发现。而具有重现特性的文字应到处一致，或者应为不同地区

---

[1] 近年来，又在山东发现了大汶口文化陶器符号。李学勤认为："随着考古工作的迅速开展，关于文字起源问题的材料会不断增多，解决这一重要问题的时间已经相距不远了。"《古文字学初阶》，20—21页。——译者

[2] 李孝定：《再论史前陶文和中国文字起源问题》，《中央研究院历史语言研究所集刊》第50期（1979年），458页。

[3] 同上，478—483页。

用来标志同样事物的相同符号。

我相信，还有比陶器符号反复出现于两个或更多史前遗址更为重要的现象，即有的符号与商周卜辞里的文字完全相同。这意味着，虽然史前陶器符号并非文字，但作为单个的符号，它们至少是中国最早文字的来源之一。因此，有必要对这些符号的用途做一番探讨，或许可以弄清，史前中国人（或苍颉）认为他们众多活动的哪些方面值得用符号记录下来。

在全世界古代和近代文化中，都普遍发现了陶器符号。仔细的研究已表明：它们多是个别陶匠和作坊做的记号。[1]至于中国，如果能通过断定商代及以后时期陶器符号用途的方式着手研究史前的符号，那可能会有所裨益；因为史前符号也可能具有同样的功能。我认为，无论商代还是史前的陶器符号，绝大多数都是家族、宗族、氏族或其分支的标记和族徽。

几位研究中国考古的学者提出：陶器未烧之前刻的符号是个别工匠的标记，而已烧陶器上刻的符号则是陶器所有者的标记。当然，许多临淄出土陶器上的符号可能是个别工匠或作坊的名字[2]，但这些陶器多为周代后期所生产，当时陶工及其他工匠都已成了专职的手工业者和商人。与此相反，仰韶的陶器却肯定不是专门的工匠所制作，这在半坡村落中可能还是每家每户的家庭劳动。这个村落的考古材料证明：特殊的陶器符

---

[1] 有关近东的情况，参见 Daniel Potts, "The potter's marks of Tepe Yahya", *Paléorient* 7 (February 1981): 107—122; 有关秘鲁的情况，见 Christopher B. Donnan, "Ancient Peruvian potter's marks and their interpretation through ethnographic analogy", *American Antiquity* 36 (October 1971): 460—466; 关于亚利桑那州现代霍皮（Hopi）印第安人的情况，见 Michael B. Stanislawski, Ann Hitchcock, and Barbara B. Stanislawski, "Identification marks on Hopi and Hopi-Tewa pottery", *Plateau* 48 (Spring 1976): 47—65。

[2] 顾廷龙：《古陶文看录》，北京国立北平研究院1936年版。

号大都集中出于村里的特殊区域。"我们发现多种类同的符号,出在同一窖穴或同一地区。例如,以数量最多的第一类符号的出土情况来分析,在我们统计的七十二件标本中,大部分集中出在六个地点,基本上是相连接的一个地区,面积也不过一百多平方米。又如在 H341 中发现同类的标本两个。有五个'Z'形符号都集中出于两个探方内。"[1]类似现象又见于台湾凤鼻头遗址,带有成串×记号的陶片集中出在村南的一个区域。[2]这说明:个别学者从史前符号中认出的所谓数字[3]仅是一些记号,不过碰巧与后来的某些数字相像罢了。在中国的历史时代早期,1、2、3、4 这几个数字简单地写作一、二、三或四个短划;5 是个×,7 为一个交叉符号。以上几种形式在很多遗址中都一样。6、8、9 这几个中国数字变形就比较多,至今未在任何史前陶器符号中发现。李济在研究小屯陶器符号时曾提出疑问:"为何有的数字(如 7)频繁出现,而别的数字(如 1、3、4)很少,有的数字(如 2、6、8、9)却根本未见?"[4]既然一划或几划,交叉和×等符号在许多文化中都普遍用来表示或区别量,这就意味着,要用它们标明各种陶

---

[1] 石兴邦:《西安半坡》,198 页,北京,科学出版社 1963 年版。
[2] 张光直等著,*Fengpitou, Tapenkeng, and the Prehistory of Taiwan*, Yale University Publications in Anthropology, No. 73(New Haven: Yale University, 1969), pl. 54.(参见《文物考古工作 30 年》,266 页,文物出版社 1979 年版。——译者)
[3] 李孝定:《从几种史前和有史早期陶文的观察蠡测中国文字的起源》,《南洋大学学报》1969 年第 3 期,1—28 页;郭沫若:《古代文字之辩证的发展》,《考古》1972 年 3 期,2—13 页;郑德坤:《中国上古数名的演变及其应用》,《香港中文大学学报》第 1 卷,1973 年,37—58 页;Ho Ping-ti(何炳棣),*The Cradle of the East*(Hong Kong and Chicago: Chinese University of Hong Kong Press and University of Chicago Press, 1976), ch. 6.
[4] 李济:《小屯陶器》,124 页,中研院历史语言研究所 1956 年版。

器所表示的量,就可能会联系到某些社会分类。作为姓名和族徽的符号在此之前已经产生,以指明陶器属于特定的有名称的氏族。但从理论上讲,此类符号与量的符号并没有明显的不同。

某些或大部分史前和商代的陶器符号都是使用这些陶器的社会集团的标志或族徽,这样一种解释同许多殷商铜器铭文的用途完全相符[1](图33)。

古代中国的文字,至少其中的一部分,可能从族徽(赋予亲族政治和宗教权力的符号)演变而来。我们由此可以推想:古代中国文字的形式本身便具有内在的力量。我们对古代中国文字与权力的认识看来证实了这种推测。文字的力量来源于它同知识的联系;而知识却来自祖先,生者须借助于文字与

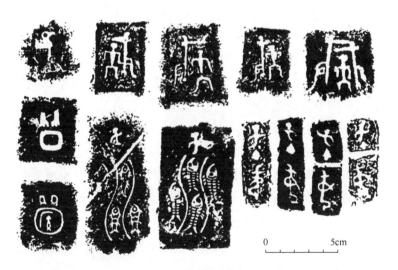

图33 殷墟18号商代墓出土铜器上的族徽

---

[1] 张光直:《商周青铜器器形装饰花纹与铭文综合研究初步报告》,《中央研究院民族学研究所集刊》第30期,(1972年),239—315页;李学勤: The Wonder of Chinese Bronze, 49—50页,北京,外文出版社1980年版。

祖先沟通。这就是说，知识由死者所掌握，死者的智慧则通过文字的媒介而显示于后人。

从东周的文献可以看得很清楚，有一批人掌握了死者的知识，因而能够汲取过去的经验，预言行动的后果。这种能力无疑对各国君王都有用处。《左传》记载，鲁公和春秋时期（公元前771—前450年）各国君主经常征询相国或大臣的意见，后者也时常引述古代圣王的事迹作为自己建议的有力论据。在公元前710、前686、前662、前656、前655、前654、前651、前645、前641、前636、前627、前609、前606、前603、前598、前594、前593、前589、前570、前565、前564、前546、前541、前540、前535、前533、前525、前523、前516、前514、前511、前504年各条下都有这样的记载。引证最多的例子都与周代早期历史有关：九条为讨伐殷商之事；八条为周代初年英明君主或可供后人效法之行为；五条为文王事迹；二条关于西周的灭亡。此外，还有五条涉及历代古史；四条谈论尧、舜圣帝；三条关于夏代诸王；仅一条与某位商王有关。至于战国（公元前450—前220年），可以《孟子》为例。全书二百六十节，处处是孟子对君王的谏言，至少在五十八节中他引古人为证。有十节提到帝尧，二十九节提到帝舜，八节提到大禹，十节提到商汤，十七节提到周代先王，十二节提到周代早期诸王。看来，有关以前1500年的历史至东周已经有了标准而公认的说法，这段历史的行为模式为学者们预见未来提供了依据。

能预见未来自然是中国传统史学的根本目的。"为什么历史研究如此受到宠爱，它到底有何种价值？"莱特（Arthur. F. Wright）做了这样的回答：

原因之一是，以往的成败无疑为当代提供了借鉴……儒学在其发展过程中不断训导人们研究历史，以积累有关的经验。第二个原因是……历史研究会通过许多实际例证让人们明白：当个人生活与正统的道德观相一致或相背离时，会有什么样的命运。[1]

因此，道德权威便被赋予了古代的历史学家，没有哪个统治者敢对这个权威漠然视之，因为它的基础就是以往的知识，即有关"正统道德教导"所允许的行动和后果的知识。[2]

必须指出，历史学家并没有垄断历史知识，比如孟子就不是史学家。他们仅是古代中国有条件占有知识的一个集团；当东周以前知识为贵族集团更多成员所掌握时，尤其如此。换言之，占有知识是沟通过去和未来的关键，而历史学只是达到此目的的一种正式途径。占有历史知识与占有文字具有同等的效用；能否掌握文献，是能否从古代统治术中获得预言能力的关键。用墨子的话来说：

> 书于竹帛，镂于金石，琢于槃盂，传遗后世子孙者知之。[3]

因此，要辨认殷商和周代早期占有历史知识的阶级或阶

---

[1] Arthur F. Wright, "On the uses of generalization in the study of Chinese history", *Generalization in the Writing of History*, ed. Louis Gottschalk（Chicago： University of Chicago Press, 1963）, pp. 37—38.

[2] 李宗侗：《史官制度——附论对传统之尊重》，《文史哲学报》第 14 期（1965），119—157 页。

[3] 《墨子·兼爱下》。

层,就要弄清当时谁掌握了文字;这些阶层产生的历史,也就是文字诞生的历史。尽管可靠的材料使我们可能对其含义做某些推测,但我们对这些重大问题仍知之甚少。在史前陶器符号(不能算文字)和东周的古典文献之间,主要的文字材料有殷商和周代早期的甲骨文,以及商代和西周的金文。我们只能推想:与这些铭文有关的是些什么人。

殷商甲骨卜辞是代表商王所作贞问的非经常性记录,偶尔也包括祖先所给的回答。但为何要做这种记录,我们几乎一无所知。

> 与某些学者的看法相反,卜官把记录刻到甲骨上的时间,并非在卜兆出现之前,而是在这之后。这说明,不能只把卜辞看做对神灵的祷告或以巫觋方式传递给他们的信息。甲骨上的记录并不是卜告的内容,而是卜告的结果。因此,刻记卜辞至少部分是为了历史的和官方的目的:鉴明裂纹所显示的问题、预兆和结果。[1]

既然占卜的结果可能来自于已逝去了的祖先的智慧,那么,记录结果以备查询(甚至综合)便表明:卜辞大概同后来的文字记载为着同样的目的,掌握占卜知识的人也就可能是最早的"知识阶级"。然而,我们对这些人的面目还不甚了解。我们仅仅知道,占卜分为几道程序:一开始代表商王卜问;进行甲骨占卜;观察裂纹,做出吉凶判断;刻辞;将甲骨编入档册,以备查询。[2]殷商卜辞专家尚不能确定,这些职能

---

[1] David N. Keightley, *Sources of Shang History* (Berkeley: University of California Press, 1978), p. 45.
[2] 饶宗颐:《殷代贞卜人物通考》,香港大学出版社1959年版,17—18页。

是否由不同的人来承担；如果不是，又有多少专职卜人参与其中。我们已知道卜辞中贞人的名字要比书体的种类为多，由此可以推测：专司刻辞的卜官在任何时候都仅是一小批人。[1]从理论上讲，刻辞者可能是惟一会文字书写的人，而贞人和卜人只需集中精力从事宗教活动。然而，占卜可能是个连续的过程，如果有必要把祖先回答的范本存入卜辞档案，卜人可能就得参与记录的保管与解释。其实，个人将史官和巫师职能集于一身的现象，与很多史学家的下述观点是契合的：最早的史官也是神职人员——很可能是巫师。[2]

史学的功能也同样表现在许多商周青铜礼器的铭文当中。东周时的人说得很明白：铭刻金文与其说是为了先祖，不如说是为了子孙。墨子有言：

> 或恐其（指竹帛）腐蠹绝灭，后世子孙不得而记，故琢之槃盂，镂之金石以重之。[3]

周代金文常以"子子孙孙永宝用"（图34）一句话结尾。由金文可以看出：铸造铜器和铭刻文辞，都是受到君王、诸侯或大臣赏赐的高级官吏下令搞的；但我们对撰文和刻辞的过程还不清楚。可能有专人司其事，这些人又掌握着历史知识。近来陕西发现"墙盘"一件，上有长篇铭文。文中称：此盘应一位名叫"墙"的史官之命而制；该家族世代以"作册"为

---

[1] 饶宗颐：《殷代贞卜人物通考》，48—49页。
[2] 李宗侗：《中国古代社会史》，台北，1954年版；周策纵：《中国古代的巫医与祭祀、历史、乐舞及诗的关系》，《清华学报》新12卷，1979年12月，1—59页。
[3] 《墨子·明鬼下》。

图34 陕西出土西周铜尊。右图为铜尊腹内铭文的拓片:"乍文考日己宝尊彝其子子孙孙万年永宝用。"(此尊1963年出土于陕西齐家村。——译者)

图35 西周史墙盘（1977年出土于陕西扶风。——译者）

职业（图35）。[1]甲骨卜辞中的提示在此得到了证实：的确有一种掌握历史知识，并以此为专业的人存在。

总之，我们已经看到，史官并非惟一占有历史知识者（其实，史书中经常描写他们在向统治者进谏时所表现出的极度被动）；而且，充当商代与西周知识载体的器物，大部分都已不复存在。但是甲骨卜辞和青铜铭文证明：商代确有专职者能运用文字对历史和人间事务进行归纳，并握有为统治者的利益而做指导的权力。这种能力至少有一定宗教渊源；它可能从专职者作为宗教媒介的原始角色演变而来，从文字所充当的与祖灵沟通的角色演变而来。

---

[1] 唐兰：《略论西周微史家族窖藏青铜器的重要意义》，《文物》1978年第3期。（又见陕西周原考古队：《陕西扶风庄白一号西周青铜器窖藏发掘简报》，《文物》1983年第3期。——译者）

第六章　对手段的独占

至此，我们已为古代中国拥有显赫政治权威并行使权力的人们勾画了一个轮廓。他们出身于某个合适的氏族（尤其是宗族），并与合适的对象婚配；他们恰好处于宗系的中心，并与合适的神话相联系；他们的行为能得到民众的支持，并最终控制甚至独占从仪式、艺术和文字中得来的祖先的知识和预言能力。这些条件当然都不可缺少，但关键是最后一项——它是使天平倾向自己一边的决定因素——对于古代中国的权力竞争者来说，至关重要的是：如何才能占有这个手段？回答是：以控制少数几项关键资源（首先是青铜器）的方式，以积聚手段的方式来达到占有手段的目的。

古代中国人在关于九鼎的传说中也表达了同样的意思。周代晚期或更早的文献讲述了大禹和他建立夏朝的儿子启如何铸造九鼎的故事。[1]九鼎成为历代正统王朝统治的象征。这里有必要引述其中的几段。

有关九鼎的材料最早见于《左传》宣公三年（公元前605

---

[1] 有关九鼎的传说，见《左传》宣公三年、《史记·楚世家》、《战国策·周策》、《论衡·儒增篇》、《拾遗记》、《太平御览》卷44，《蜀中名胜记》等书。——译者

年)条。前文在讨论青铜动物纹样的意义时已引证过其中的一部分:

> 昔夏之方有德也,远方图物,贡金九牧,铸鼎象物……用能协于上下,以承天休。桀有昏德,鼎迁于商,载祀六百。商纣暴虐,鼎迁于周。德之休明,虽小重也,其奸回昏乱,虽大轻也。天祚明德,有所底止。成王定鼎于郏鄏,卜世三十,卜年七百,天所命也。周德虽衰,天命未改,鼎之轻重,未可问也!

这个故事说得很明白:九鼎为国家的象征,各地方国的动物图像都绘在上面,各地方国的金属都包含其中。因此,周王不仅对手下各方国的金属资源有使用权和所有权,并且将各方国"沟通天地的工具"也控制在手中。这些留待下文详述。

另一则九鼎故事见于《墨子》:

> 巫马子谓子墨子曰:鬼神孰与圣人明智?子墨子曰:鬼神之明智于圣人,犹聪耳明目之与聋瞽也。昔者夏后开使蜚廉折金于山川,而陶铸之于昆吾;是使翁难雉乙,卜于白若之龟,曰:鼎成三足而方,不炊而自烹,不举而自臧,不迁而自行,以祭于昆吾之虚,上乡。乙又言兆之由,曰:飨矣!逢逢白云,一南一北,一西一东,九鼎即成,迁于三国。夏后氏失之,殷人受之;殷人失之,周人受之。夏后殷商之相授也,数百岁矣。使圣人聚其良臣与其桀相而谋,岂能智数百年之后

哉?而鬼神智之。[1]

这段文字与前一则故事本质上相一致,其核心也在于权力的转移,并提到对山川矿藏的控制。九鼎传说很像中国的青铜发明神话。如果能将它们与希腊神话中为阿喀琉斯(Achilles)铸青铜盾的火神赫淮斯托斯(Hephaestus)的故事做一番比较,定会非常有趣。[2]

九鼎神话直接而有力地宣称:占据这些神圣的青铜礼器,就是为了使帝王的统治合法化。青铜礼器是明确而强有力的象征物:它们象征着财富,因为它们自身就是财富,并显示了财富的荣耀;它们象征着盛大的仪式,让其所有者能与祖先沟通;它们象征着对金属资源的控制,这意味着对与祖先沟通的独占和对政治权力的独占。

财富和财富的荣耀(Aura)

九鼎的字面意思是"九个鼎形器物"。但"九"字在古文献里多表示众多之义。对众多青铜器的占有和炫耀,只可能是为了富有。以大批青铜器作为死去的主人的随葬品,既应看做一种宗教行为,可能是让死者把它们带往阴间享用;也应该视为一种炫耀性的毁坏,如同炫耀财富的盛宴一样(图37)。考古学家会有幸发现,许多古代中国的墓穴中都有多得惊人的随葬品。最典型的是1976年在河南安阳殷墟发掘的一座商代王

---

[1]《墨子·耕柱》。
[2] 赫淮斯托斯,希腊神话中的火和锻冶之神,即罗马神话中的伏尔甘。阿喀琉斯,希腊神话中的英雄。在特洛伊战争中击毙敌军主将,后被敌人用箭射死。——译者

图36 河南郑州商代城墙外出土铜方鼎。可能是九鼎一类的国之重器

妃墓。墓中随葬的器物有:[1]

木椁和涂漆木棺各一具

十六个殉人和六只殉犬

---

[1] 中国社会科学院考古研究所安阳工作队:《安阳殷墟五号墓的发掘》,《考古学报》1977年第2期。

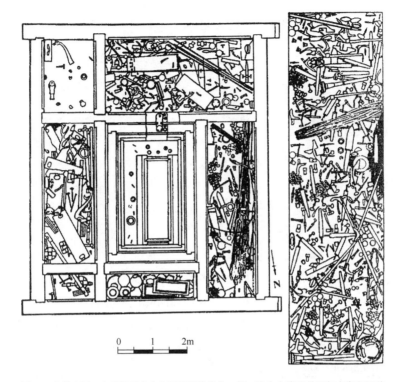

图37　古代中国一个贵族墓室中丰富的随葬品之一例。这个木椁墓是近年在湖北江陵一个楚文化墓地中发掘出来的

约七千枚子安贝

二百多件青铜礼器

五件大铜铎和十六只小铜铃

四十四件青铜器具（其中有十六把铜刀）

四面铜镜

一把铜勺

一百三十余件青铜兵器

四个铜虎或虎头

二十多件其他青铜器

五百九十余件玉和似玉器

一百余件玉珠、玉环和其他玉饰

二十多件玛瑙珠

两件水晶物品

五件骨器

七十余件石雕和其他石器

二十余枚骨镞

四百九十多件骨笄

三件象牙雕刻

四件陶器和三件陶埙

这个单子之所以比其他大多数墓葬的器物更令人难忘的原因，在于它是殷墟少数几座未遭盗掘的商代墓葬之一。洹河北岸王室墓区内的一些大墓里原来肯定有更多随葬品，然而实际发掘到的却很少。殷商王族竟能抛弃如此巨大的财富，这很可能正是殷人通过建造充满了随葬品的大墓所极力要表明的一点。

九鼎正是这巨大财富的象征。恰如《左传》襄公十九年（公元前552年）条所言："且夫大伐小，取其所得，以作彝器，铭其功烈，以示子孙，昭明德而惩无礼也。"古人的意思很明显：青铜器是财富的象征，其铸造和使用都是为了给统治者和胜利者带来荣耀。

青铜器并非王族的惟一象征，但它们是主要的财富象征。其他重要的象征物还有旗帜和斧钺。周武王征商前的训辞可以为证："时甲子昧爽，王朝至于商郊牧野，乃誓。王左杖黄钺，右秉白旄以麾，曰：逖矣西土之人！"[1]武王所持之物显

---

[1]《尚书·牧誓》。

然是权力的象征：斧钺代表制裁，旗帜代表人众。九鼎所象征的却是另一种全然不同的权力。对此，俞伟超和高明已在一篇出色的论文中做了明确的阐述，该文对周代历朝所造铜鼎的形式和规格进行了分析，为这一时期政治分层系统变迁的研究提供了重要线索。〔1〕

正如第三章开头所引《国语》的一段文字所述，巫术仪式中要使用一整套包括饮食器皿在内的器物（图38）。三代礼器用各种材料制作，其中以青铜最为重要。这些器物分为不同种类，每种各有专名。容庚在一项最为详尽和包罗宏富的商周青铜礼器的研究中，对其代表类型做了细致的描述和分析。〔2〕他在"食器"一栏下面列了十二种类型；在"酒器"下面列了二十二种；在"水器"下面列了三百一十五种；在"乐器"下面列了八种。他所罗列的只有青铜器和对他大量引用文献的论述有加强作用的那些类型。其余大批器物仅在古书中可见其名称。此外，有不少器物系用石、陶、木所制，还有藤器和漆器。礼器种类如此繁多，足以证明商周仪式活动之复杂，而青铜礼器在其中起了极为重要的作用。显然，这种极其繁缛、极尽奢华的祭祀活动以及同祖先精灵的沟通（主要为了统治术），都以带有动物图案的青铜礼器为基础；占有它们，是保证统治者获得祖先知识的关键。因此，作为仪式象征的九鼎，也就是统治的象征。

---

〔1〕 俞伟超、高明：《周代用鼎制度研究》，《北京大学学报》（哲学社会科学版），1978年第12期、1979年第1期。

〔2〕 容庚：《商周彝器通考》，北京哈佛燕京学社1941年版。

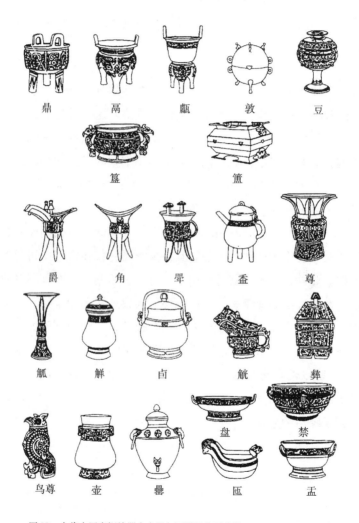

图38 古代中国青铜礼器中食器与酒器的主要种类

技术与控制

构成财富的还有青铜器以外的物品,如玉器和子安贝,也包括用其他各种材料制作的祭祀用具。然而,只有青铜制造工艺才需要占有资源和组织人力;所以青铜在至关重要的通天活动中,具有无可比拟的意义。礼器之所以在青铜时代(至少是中国)的铜制器皿中占有如此关键的地位,原因便在于此。

古代中国的青铜器制造十分困难,且耗费昂贵。开始需挖掘矿石,然后是冶炼,运输,渗入合金,铸造器皿,最后修饰成形。制造过程的漫长和最终产品的繁缛多样,都需要一个手工业网的保障,而这只有那些具有强大政治权力的人才能办到。

铜、锡矿床需要勘探和开发。人们至今未找到商代的铜矿,但最近在长江中游的湖北大冶铜绿山发现了周代后期的铜矿遗址。矿井深入地下五十多米,有竖井接通。散布其中的矿石块证明,当年这里曾开采出成千上万块矿石。[1]周代末期的哲学家兼政治家管子(?—公元前645年)在其哲学著作《管子》里说:"出铜之山,四百六十七山;出铁之山,三千六百九山。"《山海经》中记录了三十四个铁矿,三十个铜矿,一百三十九个金矿,二十个银矿和五个锡矿的名称。[2]但这些

---

[1] 有关该古矿通俗简明的论述,见夏鼐、殷玮璋等:"Digging up an ancient copper mine", *China Reconstructs* 31(March 1982):38—40。又见氏著:《湖北铜绿山古铜矿》,《考古学报》1982年第1期。(详细的发掘情况,见《湖北铜绿山东周铜矿遗址发掘》,《考古》1981年第1期;《新中国的考古发现与研究》,334—337页,文物出版社1984年版。——译者)

[2] 北京钢铁学院:《中国古代冶金》,31页,文物出版社1978年版。

铜、锡矿却并没有几个列入近年公布的中国北部矿藏表中。[1]不过，石璋如认为，各种古代文献中记载的大量的铜、锡矿藏，都分布在离商代都城安阳不远的范围内（图39）。[2]大概这些矿的藏量都很少，在古代便已采尽。最近，一本论述中国冶金史的著作说：即便是品位很高的铜矿石（如孔雀石，它可能是古代中国主要的铜资源），每炼一百公斤铜，也需要三四百公斤矿石。[3]如果考虑到有一部分矿石品位较低，还会出现大量浪费和低效率的现象，那么，把铜与矿石的比例定为1∶5是比较接近事实的。上文提到1976年于殷墟发现的一座商代墓葬共出土四百六十八件青铜器；据发掘者计算，总重量约为一千六百二十五公斤。[4]假设其中铜、锡比例各占一半，仅这一个墓里的青铜器便需八吨多铜矿石才能制成。1978年，在湖北东部的随县擂鼓墩发现一座稍晚于公元前433年的晚周曾侯乙墓，出土一百四十件青铜容器，六十五件铜编钟，四千五百多件青铜兵器。[5]发掘简报中未说明每件器物的重量，但很多礼器和编钟的体积都异常庞大。有两件容器各重三百二十和三百六十二公斤，最大的编钟竟有二百零四公斤。粗略计算，仅这一个贵族墓里的青铜器便至少有一万公斤，需一百吨铜矿石。因此，说古代铜矿早已开采殆尽并没有什么奇怪。为了寻找铜锡矿石和保护矿藏，必须动员大批人力，这

---

[1] 翁文灏：《中国矿藏资源》，北京，1919年版。中国地质调查报告，见B节，第1部分。锡，见103—119页；铜，见119—138页。

[2] 石璋如：《殷代的铸铜工艺》，《中央研究院历史语言研究所集刊》第26期，102—103页，1955年。

[3] 北京钢铁学院：《中国古代冶金》，31页。

[4] 《殷墟妇好墓》，文物出版社1980年版，15页。

[5] 湖北省博物馆：《随县曾侯乙墓》，湖北，1979年版；《随县曾侯乙墓》，文物出版社1980年版。

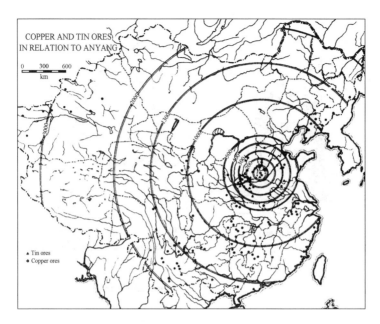

图 39　商代都城安阳周围已知的和有记载的铜、锡矿分布点（据石璋如）

或许是导致夏、商都城频繁迁移的原因之一（据史料记载：夏有九都，商有十三都）。矿石在矿山粗炼后可能铸成铜锭，以便于运回铸造作坊。运输路线无疑得经常处于军队的保护之下。

在作坊里，铜锭先被熔化，然后运用精细的"合范法"铸成器皿（图40）。据万家保的叙述，铸造过程分为以下几个步骤：

1. 制模，花纹则根据其特点，一部分刻在模上，另一部分以后刻在范上。然后将模子烘干。

2. 制范，将厚约15毫米的黏土敷在模型外部。范的边沿用刀划齐，还要抹一层隔离物以防止范与模型粘在一起。范的分割和分块数因器物形状而定。把外范烤干。

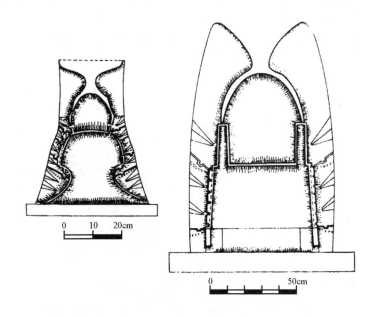

图40 商代铸铜器用的陶范。范壁上的V形切口为铜液倒入时陶范受热膨胀留下了余地。铸造完毕以后,分块的外范可以完整无损地拆开,里面的内模却通常得打碎

3. 从模型表面刮去一层黏土,制成"内核",刮去的泥土要等同于或略厚于待铸器物的壁厚。

4. 将分范合拢在内范四周,用草绳拴牢,或把全范置入沙箱中,以保证其强度。要使用土支钉支撑圈足或环底的悬立内范,这证明合范是自上而下的。

5. 最后把铜液倒入范中。注铜液之前陶范要加热的温度已无从考证,但温度一定很高,才能防止铜液与范接触时突然冷却。商代青铜器上清晰的花纹表明:在铸造的关键时刻并未发生铜液泄漏的事故。[1]

---

[1] 李济、万家保:《殷墟出土青铜觚形器之研究》,121—122页,中研院历史语言研究所1964年版。

大多数学者认为[1]：合范法是典型的中国铸造工艺，完全可能起源于本地。当用这种方法制造花纹繁缛的大型器物时，作坊内部的大规模分工合作，精确的时间计算和作坊内部各工序的专业化都是必不可少的。所以，占有这样的青铜器是握有大势大力的象征；青铜及其复杂的工艺，可能曾是具有鲜明特征的古代中国的权力政治所追逐的主要对象。

---

[1] Noel Barnard, *Bronze Casting and Bronze Alloys in Ancient China*, Monumenta Serica Monograph 14 (Tokyo, 1961); Noel Barnard and Satō Tamotsu *Metallurgical Remains of Ancient China* (Tokyo, Nichiosha 1975); Wilma Fairbank, "Piece-mold craftsmanship and Shang bronze desigh", *Archives of the Chinese Art Society of America* 16 (1962): 8—15; Ursula Franklin, "On bronze and other metals in early China", *in The Origin of Chinese Civilization*, ed. David N. Keightley (Berkeley: University of California Press, 1983).

第七章　政治权威的崛起

上面，我们讨论了导致政治权力集中在某个统治集团手中的各种条件。现在，我们要对历史资料做一番分析，以观察这些条件在历史进程中是如何产生的。简单地说，它们有以下几项：

1. 个人在一个按层序构成的父系氏族和分支宗族的亲族体系中所占据的地位；

2. 相互作用的区域性国家网络，每个国家都控制着重要资源，它们共同形成连锁的、互相加强的系统；

3. 军事装备，包括青铜武器和战车；

4. 有德之行为（为大众谋利益的品质），它为在位的统治者依神话权力所继承并身体力行之；

5. 作为信息载体的文字，它与个人在亲族体系中的地位有关，与神灵（祖先）的知识有关，是取得统治和预言能力的关键；

6. 通过文字以外的手段，如巫术仪式（及其乐舞）以及动物艺术和青铜礼器，以达到独占与天和在天神灵沟通的目的；

7. 财富和它的荣耀。

这些因素都有其内在的逻辑联系，它们在古代中国史上的重要意义不容置疑，并已为经验所证明。但是，如果将这些因素各自孤立起来分析，它们的内在动力结构便隐而不彰了。为了认清这个动力系统是如何在古代中国产生的，我们就必须回头考察三代以前的中国史前史。这种分析应在史前文化史的框架内进行，其中有一条北方的文化连续体（裴李岗文化，公元前 7000—前 5000 年；仰韶文化，公元前 5000—前 3000 年；龙山文化，公元前 3000—前 2200 年）。用一般划分陶器类型和风格的方法来分析这些文化的特征，对于探讨政治权威兴起的研究并不合适。在对这几项"动因"（enabling factors）的考古史做任何探究之前，我们必须首先考察它们在考古方面的特殊证据。以下考古材料能明确地、实际地满足我们的要求。

1. 青铜和其他合金的特殊运用能提供重要线索，帮助我们找到一些技术革新和财富积聚显得十分重要的文化区域。如果这些合金被用于制造农业工具，这就表明技术对于财富的生产和积聚有重要意义。然而，我们在古代中国并未普遍发现有关的证据。"全国各地考古工作者发掘了很多商周遗址，出土大量农具，但青铜制的农具寥寥无几，这是无法否认的客观事实。"[1]进入青铜时代以后，农业工具仍然用木、石、角、骨制造（图41），青铜却被用来做兵器、礼器（食器、酒器和乐器）、装饰品和斧、锯、凿等木工用具。后者对于制作木制战车这种青铜时代最有威慑力的战具可能是必需的。这种使用模式成为中国青铜时代最显著的特征，青铜主要与仪式和战争联系在一起，"国之大事，在祀与戎"。（《左传》公元前 579 年条）换言之，如果青铜是古代中国稀缺资源运用方式的缩影，那么，中国文明肇始，政治文化就在其中扮演了主角。

---

[1] 陈文华：《试论我国农具史上的几个问题》，《考古学报》1981 年第 4 期。

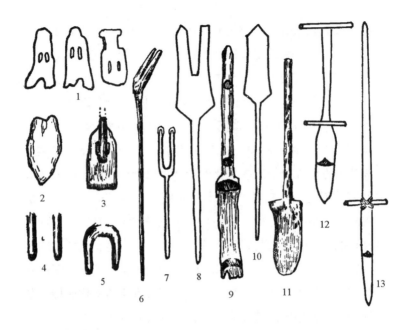

图41 中国古代的一部分农业工具：耒（4—8, 13），耜（1—3, 10, 12），锸。它们大部分为木制，仅1为骨器，2为石器。1—4属于新石器时代；5属于商代；6—10为汉代的；11为东周的；12和13则是今天西藏使用的农具

2. 聚落形态（settlement patterns）的研究，为揭示广大区域中同时代遗址之间的层序关系提供了基本线索。聚落的各个层次，可根据居民点的规模和遗物的特性来确定；但同时必须指出，空间形态本身（如大小等）不能单独作为分析聚落关系的依凭，而必须对一切有关的文献加以运用。[1] 遗憾的是，有关古代中国的区域考古研究还未普遍展开，对古代城市的研

---

[1] 这方面研究的例子，可看张光直的"Settlement patterns in Chinese archaeology: a case study from the Bronze Age", in *Prehistoric Settlement Pattern Studies: Retrospect and Prospect*, ed. E. Z. Vogt, Jr., and R. Levanthal（Albuqerque: University of New Mexico Press, 1983）。

究也缺乏系统。因此，有关中国青铜时代聚落形态的资料甚感缺乏，使我们只能以文字史料为主要依据。

3. 考古学家惯于通过观察建筑和墓葬来分辨社会地位的差别。三代建筑之最大差别在于地上建筑（有夯土地面或基座）和地下住室的不同。如果考虑到地上建筑所花费的人工，它们便很可能是贵族的住所，即"宫殿"、"住宅"及其各种组合（图42）。但是，房屋遗址可见者甚少，至少其中的大部分无法做明确的划分。

墓葬可首先分为带木椁的大墓和没有木椁的小墓两种。前者依形状结构和台阶数分为几类，需耗费巨大人工，且常有人殉现象。大墓照例有大批随葬品，既可保证死者身后的奢华，又可炫耀他拥有的财富。小墓的主人则属于下层阶级，也可依埋葬情况和随葬品多少分为几等。根据不同的需要，有时也可将大小不同、随葬品多少不一的墓葬分组，我们可由此观察社会和政治分层的情况。

4. 如果出现有组织暴力的证据，便意味着战争已成了社会的影子，动用武力一般不再是个人或偶然的行为。在人类遗址中出现一个剥了头皮的头骨或一枚箭镞，并不一定说明有组织暴力机器的存在；但如果这类头骨和遗骸同墓中的兵器、城防用具或战车等共存，答案便是肯定的了。箭镞作坊或整排整排士兵遗骸的发现，以及把稀有金属用于武器制造而不是用于发展生产技术，都证明战争已成为国家的职能。

上文所述的沟通天地的物质手段，显然从考古方面为政治权威的存在提供了证据。卜骨表明巫觋沟通天地的活动，但在甲骨上刻记卜辞的行为，与其说是宗教性的，不如说是政治性的。礼器上的动物图样与巫术有关，但把动物纹样绘在珍贵而

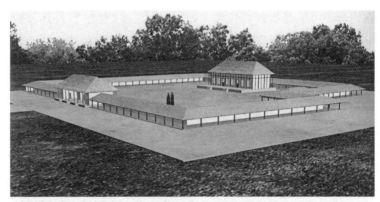

图42 古代中国"宫殿"的复原图。上图：在二里头发现的夏代宫殿；下图：在湖北黄陂盘龙城发现的商代宫殿

稀有的艺术品上，则应视为巫觋政治。

将以上几条作为能准确反映三代特征的政治体系的指标，便可进一步分析史前的材料，弄清这个体系是怎样产生的。

我们可以简洁地说，考古资料表明，从农业兴起于黄河流域的裴李岗文化开始，到村落农业高度发展的仰韶文化为止，具有上述特征的政治权威尚未出现；也没有发现当时已存在明显的社会或政治分化，和有组织的暴力的证据。但是，陕西的仰韶文化中有三个值得注意的因素需做进一步的讨论。

第一点涉及某些仰韶文化村落的布局，如西安附近的半坡（图43）和姜寨。这两个村里的房屋都分为若干群组，并以广场为中心围成环形。[1]根据一项有关村落布局和社会组织的跨文化研究[2]，这种"有规则的"、分为群组的布局有力地说明了屋里住的是单系亲族群体[3]，三代社会的氏族与宗族特征如果不是产生于此前，便可能始于仰韶时期。

第二点，在包括半坡和姜寨的许多仰韶文化遗址中，发现了大量刻有陶匠记号的陶器，这为当时可能存在氏族和宗族的看法提供了新的证据。不少学者认为，这些记号代表了中国最早的文字。有的记号的确与商周的某些字相同，很可能是后者的雏形。但陶器符号均孤立出现，不能证明已有了书面语言。

---

[1] 半坡的情况见《西安半坡》第9页和石兴邦：《半坡氏族公社》第6页，陕西人民出版社1979年版。姜寨情况见《临潼姜寨遗址第4至11次发掘纪要》，《考古与文物》1980年第3期；巩启明、严文明：《从姜寨早期村落布局探讨其居民的社会组织结构》，《考古与文物》1981年第1期。

[2] 张光直，Study of the neolithic social grouping. "Examples from the New World", *American Anthropologist* 60（April 1958）：298—334。

[3] 单系亲族群（unilinear kingroups）：仅按父方或仅按母方计算世系和继嗣的血缘群体。——译者

图43　陕西西安半坡的仰韶新石器时代村落布局模型

图 44　半坡仰韶文化陶盆中以鱼装饰两耳的人面纹

最好把它们看做氏族和宗族的族徽，就像许多商周青铜器上的文字一样。仰韶的器皿明显是日常用具而非礼器。这些符号如果真是族徽的话，那它们所揭示的社会内容，就要比它们作为单纯的文字工具所能做的多得多；例如它们后来就成了生者与祖先沟通的手段。

第三点，关于仰韶文化中巫觋这一角色的出现。在《山海经》这部公元前1000年的"巫觋之书"[1]里有一些巫师样的人物，他们的耳朵、双手和脚踝上都缠着蛇或龙。半坡出土陶盆的红底子上，常见有用黑色和黑褐色画的一个装饰母题：人面的两耳边各有一条鱼（图44）。玛瑞林·傅（Marilyn Fu）

---

[1]　袁行霈：《山海经初探》，《中华文史论丛》1979年，第3辑，7—35页。

认为：他们可能是巫师的面孔，两耳珥鱼可与《山海经》里两耳珥蛇的巫师相比较。如果此说为实，中国的巫师如没有更早的渊源，便可能出现于仰韶时期。当然，我们还没有证据可以把巫觋同三代时出现的那样的政治体系联系起来。

但是，仰韶时期之后终于有了证实这种联系的考古材料。我把这一时期的文化称为龙山形成期，但在不同的地区，我们可以称其为个别的地区性文化，如河南龙山文化、山东大汶口文化、湖北屈家岭文化和浙江良渚文化等。[1] 这些文化几乎同时（公元前4000年末和前3000年初）出现在中国各地，其长期发展为古代中国政治文化的出现提供了一系列丰实的考古材料。

骨卜——烧灼动物肩胛骨占卜的习俗此时已广布于中国北部，但还没有使用龟甲，也未在卜骨上刻字。

陶器符号仍在使用，但未发现这一时期产生文字的确凿证据。

一些小件金属物出现在山东龙山文化遗址和同时期其他一些遗址中，但金属未用于礼器或兵器制造。

出现某些战争的证据：北方一两个龙山文化村落里有了夯土墙；河北邯郸一个龙山遗址中发现袭击村落的迹象，包括扔在井里的人骸及可能被剥了头皮的头骨（图45）。但这些遗址的年代是否早于三代尚未定论。

在长江流域一部分龙山时代的遗址中发现一些陶器和祭祀用具（长方体的玉琮），上面绘有与后代青铜器上的饕餮相似

---

[1] 张光直，*The Archaeology of Ancient China*（New Haven：Yale University Press, 1977），ch. 4。

图45 上图：井底的人骨，本世纪50年代发现于河北邯郸一个龙山文化遗址中；
下图：同一地点出土的人头骨，有剥去头皮的迹象

的兽面。这些发现说明：动物在这里也可能充当了巫术仪式中生人与死者交流的媒介。

成熟的轮制陶器，特征是工艺复杂，薄如蛋壳，外表黑色磨光，在这一时期显得尤为突出。毫无疑问，这些陶器是专业匠人制造的，且服务于礼仪的目的。

河南一些龙山文化遗址中出现了陶祖（图46），有人以此证明当时已有父系祖先崇拜的习俗，我认为是正确的。

山东和江苏北部的大汶口文化普遍有大型木棺墓，随葬品甚丰（图47）。皮尔森（Richard Pearson）对东部沿海一批新石器时代遗址做了全面分析，并由此得出结论：

> 中国沿海属于大汶口文化序列的新石器时期墓葬反映了财富的增长，社会的分化和妇女儿童地位的下降……它正在向一个由男子掌握权力和财富，手工业分工即将发生的社会转化。包括男人、女人和小孩的墓葬在内的墓群的形成，表明宗族的重要性在增加。[1]

将以上各点综合起来，就能从考古上证明一种政治文化的存在；它还不具备三代文化的全部特征，但看来确为后者打下了基础。这个社会有明显的等级差别，这个差别至少在很大程度上是建立在父系宗族的体系之上；它带有暴力的烙印；以仪式用具、动物助理和占卜兽骨为特征的祭典；财富的炫耀。此外，与这种社会有关的证据几乎同时出现在几个地区：这些地区相互邻近，但又包括了有很大差异的几个自然区域。另一方

---

[1] Richard Pearson, "Social Complexity in Chinese coastal neolithic sites", *Science* 213 (September 1981): 1086.

图 46　河南龙山文化遗址出土的陶祖。长约 12 厘米

面，在这些文化中都没有出现生产技术突破的证据，也没有出现地区之间争夺土地或资源的明显征兆。

　　龙山形成期的年代为公元前 3000 年，直接与三代相接，正好与后来中国传说历史中的圣人英雄时代同时。史学家们曾一度认为，整个传说时代都是汉代哲学家的臆造。随着近年来考古资料（其中有部分文献材料）的问世，我们越来越相信古文献基本是可靠的，许多传说具有历史价值。关于古代部族长、英雄和圣贤的神话，能为我们解读龙山时代的考古资料带来有用的启示。

　　从这些神话中凸现出来的政治文化图像很能令人信服[1]：

---

[1]　有关中国传说史前史的两项杰出的研究是徐旭生：《中国古史的传说时代》，文物出版社 1985 年重版；傅斯年：《傅斯年先生学术论集》，香港龙门书局 1969 年版。

图47 山东泰安大汶口新石器文化遗址中一个装满了随葬品的墓葬。上面的照片为10号墓穴;下图为该墓出土的随葬器物

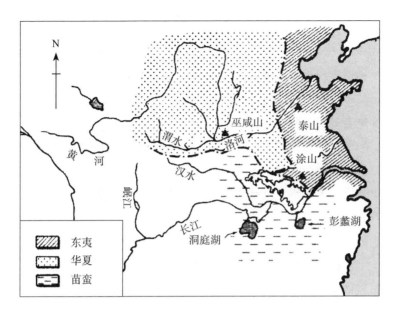

图48 中国古代三大部族集团分布图,据徐旭生的划分

当时,中国的不同区域都为各氏族占据,如黄帝族的姬姓氏族(它创立了周朝);子姓和姒姓氏族;淮河流域的嬴姓氏族;山东的风姓氏族;长江中游的祝融六族以及许多大小各异,地位不同的氏族。在氏族成员及其联盟的基础上形成了部落,不同部落各有自己独特的文化(图48)。把一些地区性龙山时代的文化同某些传说中的部落相互对应,是极富于兴味的事。当然,在找到文字记载并有可能对这些文化进行辨识之前,还无法做确切的比较。但是,目前为止,考古证据还没有同传说发生根本的抵牾。

传说中还有关于政治继承制度的内容。这主要是帝尧和帝舜实行的"禅让制"。尧在位时,确定以德高望重的舜为继承人,而未选自己的儿子丹朱;舜后来也没有选自己的儿子商均,而让治水有功的大禹继位。[1]古代哲学家们以此作为行为的典范,这在一定程度上将道德权威赋予了统治者。然而,此类神话传说也有可能是古代王位"轮流承继制"(rotary succession)留下的痕迹。至于商代实行的王位轮流承继制,现已为笔者复原。[2]

考古学与传说古史在三代的开端会合了。夏王朝现只能以二里头文化为代表,上文对此已做了说明,但其大致轮廓以及史书中的不少细节已基本为商、周的材料所证实。现在,三代政治文化的存在已毋庸置疑:我们在二里头文化中找到了有关它的全部主要考古证据,仅文字除外。(图49)

至此,我们已经重新对有关古代中国政治权威兴起的考古材料做了考察,对这一历史发展过程我们有何认识呢?还是先来看一看新石器时代早期吧。公元前数千年前,农业村落已经遍布中国大地,农业居民组成一个个氏族和宗族。具有重要意义的亲族成员资格显然是当地书写符号产生的主要原因(在其他地区,书写符号常最先用于其他方面,如处理经济事务等)。亲族关系可能是每个村落中成员地位划分的基础。这便是中国古代社会的基本原则,随之而来的则主要是村落间层序关系的形成,这一过程可能开始于龙山时代。

这种重新组合通过两个方向相反而结果相同的过程得以实现。一是村落的分裂(fission)和宗族的分支(segmentation),结果是单个村落的数量增多;二是一部分村落对其他村落的征

---

[1] 尧、舜、禹禅让故事详见《史记·五帝本纪》。——译者
[2] 张光直,"Tien Kan: A key to the history of Shang", in *Anciet China: Studies in Early Civilization*, ed. D. Roy and T. H. Tsien (Hong Kong: Chinese University of Hong Kong Press, 1978)。(又见张光直:《中国青铜时代》,172—196页。——译者)

图49　河南洛阳附近二里头夏代遗址中出土的铜爵。
　　　这是中国至今所发现的五件最早的青铜礼器中的一件

服,结果是独立政治单位的数量减少。总的后果是,村落内部与村落之间政治权威意义上的分层状态的发展。在等级的顶端,是征服者村落中那些最接近宗族继嗣主干的人;在另一端,则是那些离大宗最远的人和来自被征服村落的人。

　　这个政治权威系统并非一成不变。氏族和宗族众多,其数量随着分裂而不断增加;最后会有如此多的群体,以致单凭世系已无法维持不同村落、不同氏族和分支宗族之间的相对政治地位，而不得不使用其他有效手段。其中最重要的三种手段是：道德权威（胡萝卜）；强制力量（大棒）；以及通过对神灵世界交往的垄断来占有知识（宗教和仪式）。到了三代，古代中国政治体系的面目已清晰可辨。一小群国家在几个地区诞生了。

所谓文明，既是政治权威兴起的结果，也是它必不可少的条件。文明是聚积的财富之体现。在古代中国，财富的攫取需主要凭借政治权力；而财富又是获得和保持这种权力的条件。统治者首先树立政治权威，而后才能行使政治权力。正如我们所见，使统治者得以树立其政治权威的几项因素都是文明的组成部分，这一点，考古学已做了证明。

要在这个方程式里分离出变迁的原因的确不容易，但并非没有可能。首先，我们必须澄清所使用概念的含义。在论述古代世界的著作中，我们常碰到"文明"（civilization）、"城市化"（urbanism）和"国家"（state）等名词。就中国历史而言，这三者显然都是一个问题的不同方面。村落扩展和复杂化，便成为城市中心或城市网络；城市结为新的分层体系，便组成政治单位，其中有的可称作国家。文明（再重复一遍）是物质财富积聚的体现，它既是政治权威兴起的结果，也是它存在的条件。技术可以排除在我们的方程式之外；虽然它本身是文明或国家产生的原动力；但在中国，资源（文明）的最初集聚，是通过政治手段（国家社会）而不是技术突破来实现的，这在本书关于古代青铜文化的论述中已经阐明。我们还应把人口压力和地理限制排除在基本原因之外（无论是分别的或是合一的），因为中国有广阔的发展空间。如果几个邻国实力相当，可能会给扩张带来政治障碍；但周代的史料告诉我们：在远离国家边界的无人地区建立新的城邑，可以实现政治的扩张。

我们在中国这幅图景中所看到的，是政治文化对资源分配的首要作用。随着人口增长，有越来越多的嘴嗷嗷待哺，成群的人便被遣往外地，去寻找新的家园。在层序权力和资源分配的制度之下，父母邦会给他们以支持和保护。当分属不同政治地带的聚落发生接触和冲突，含有许多部分的层序系统又会因征服而产生。权力和财富互为依靠，既抚育自我，又助长对方。随着时光流转，它们的数量会增长，体积会膨胀，并日益变得复杂。在开端和高峰之间，有一个不断复杂化的渐进过程，我们可以任意把这连续的进程划为几段，以使之适应社会演化的框架。

以上面的讨论为基础，我们可以对涉及古代文明的一般理论和涉及中国古代文明的特殊理论做一个概略的观察。我们很想知道，本书得出的结论是否同其他有关古代中国及其政治的理论相一致或相矛盾。当然，这里关心的只是西方的理论，而并非传统儒家思想；后者是我们基本资料的组成部分。

西方有关中国古代政治的理论，以东方社会（Oriental Society）这一概念为其核心。

> 东方社会作为一个独立的概念，出现于18世纪末；它是由所谓古典经济学家提出来的。这些人以对希腊、罗马或对封建的或资本主义的欧洲的认识为出发点，感到无法理解古代埃及、美索不达米亚或当时中国与印度的经济，从而提出了这一概念。马克思对它作过研究；社会学家马克斯·韦伯[1]把它接了过来；此后又转给了魏特夫

---

[1] 马克斯·韦伯（Max Weber, 1864—1920），德国社会学家和政治经济学家，也是当代西方影响最大的思想家之一。——译者

(Karl Wittfogel)，他对这个理论作了最广泛的考察"。[1]

以我们对中国社会起源的认识来分析这一概念及其演变历史，的确颇有兴味。遗憾的是，无论马克思、韦伯还是魏特夫都没有掌握中国三代社会的考古材料；他们对东方社会特征的描述和对其形成原因的推断，是根据对后期历史，而且常常是转手材料进行分析的基础上得来的。

马克思的历史理论认为：除了原始公社制度以外，有三至四种发展路线，东方的制度便是其中之一。

> 村社范围内手工业和农业的自然结合，是这个制度的基本特征；它自身中已包含着再生产和扩大再生产的一切条件。因此，它比其他任何制度都更顽强地阻碍着自我分解和经济的发展。在东方专制制度下，从理论上讲并没有财产，但这恰恰掩盖了作为基础的部落或公社的财产。这种制度的组成形式有多种多样，可能是分权的，也可能是集权的；可能比较专制，也可能比较民主。这些小的公社之上，凌驾着一个更大的共同体，因而公社必须用它们的一部分剩余产品满足（大的）共同体的需要，如战争和宗教祭典，以及水利灌溉和保障交通等经济方面的需要；这些活动因此便成了高级共同体，即凌驾于小公社之上的专制政府的事业……公社的"封闭性"意味着城市很难成为这种经济的一部分；它只能出现于特别适应于对外贸易的地方，或统治者及其总督拿他们的收入（剩余产品）

---

[1] Morton H. Fried, *Readings in Cultural Anthropology* Vol. 2 (New York：T. Y. Crowell, 1959), p. 95.

与劳动交换，作为劳动基金而支出的地方。因此，亚细亚制度并不是阶级社会；如果是，也只能是其最原始的形式。[1]

马克思对东方（或亚细亚）制度的论述很少，但它却引出了大批有关的社会学论著。[2]然而，一直被认为适合于这一模式的中国到底对这个理论有多大意义，却是我们应该关心的问题。马克思所能利用的有关中国历史的欧洲文献，无论就其深度和广度而言都是很有限的。[3]安德森（Perry Anderson）其实说得很明白："马克思对中国的论评正表明了……他对亚洲历史认识的最大局限。"[4]同样，马克思构想的一个静态的、自给自足的农村公社制度，并不符合我们所认识的古代中国城镇与城市的图像，这些城邑在一个不断变迁的经济与政治的分层系统中互相施加能动的影响。

与此相反，马克斯·韦伯对中国历史的把握和贡献使他有资格取得汉学家（sinologist）的头衔。[5]他提出的"世袭制国

---

[1] Karl Marx, *Pre-Capilalist Economic Formations*, introd. by E. J：Hobsbawm（New York：International Publishers, 1965）. pp. 33—34.（马克思的这段论述，国内的译文与此略有出入，见马克思：《资本主义生产以前的各种形式》,《马克思恩格斯全集》第 46 卷（上）, 472—474 页, 人民出版社 1979 年版；马克思：《资本主义生产以前的所有制形态》,《马克思、恩格斯、列宁、斯大林论资本主义以前诸社会形态》附录 1, 文物出版社 1979 年版。——译者）

[2] 见 Perry Anderson, *Lineages of the Absolutist State*（London：NLB, 1974）, p. 462 ff., under the heading "The Asiatic Mode of Production"。

[3] Marx, *Pre-Capilalist Economic Formations*, pp. 21—22.

[4] Anderson, *Lineages of the Absolutist State*, p. 492.

[5] Otto B. Van der Sprenkel, "Max Weber on China", 载 *Stadies in the Philosophy of History*, ed. George Nadel（New York：Harper & Row, 1965）。

家"（patrimonial state）的概念，当然并不限于中国，甚至也不限于东方制度。"至近代甚至近代以后，大多数内陆大帝国'都是'世袭制国家（国君在世袭领地之外和政治属国之上树立起自己的权力，但他无须采用强制手段，而只要像家长一样行使权力）"，或至少"具有强烈的世袭制特征"。[1]韦伯在用"世袭制国家"的概念说明中国时，指出了以下特征：

> 同样，这里的世袭官僚权力也是以河流的管理，尤其是灌溉渠道的修筑为基础的……它也建立在庞大的军事防御设施之上。而要使这些成为可能，只有靠大量使用无偿劳役，靠实物贡赋的积累；它们是官吏的薪俸和军队装备、给养的源泉。此外，土地贵族之稀少较埃及更甚，这对世袭官僚尤为有利……一般来说，只有作为地方势力的氏族，因得到遍布各地的商人和手工业行会的支持，才可能与世袭官僚集团相抗衡。[2]

正如威特利（Paul Wheatley）所说，世袭国家的本质特征与商朝的情况相似。[3]但斯伯汉凯勒（van der Sprenkel）看出[4]：韦伯利用了中国各个历史时代的史料。中央世袭制政府同以外婚氏族为支柱的地方贵族之间的对峙，在后来的时期可能极为常见；但在三代，世袭制国家本身就以一个外婚氏族为基础，它同其他氏族不断相互影响。再者，世袭制也许为国

---

[1] Max Weber, *Economy and Society: An Outline of Interpretive Sociology*, Vol. 2 (Berkeley: University of California Press, 1978), p. 1013.
[2] Weber, *Economy and Society: An Outline of Interpretive Sociology*, p. 1047.
[3] Paul Wheatley, *The Pivot of Four Quarters* (Chicago: Aldine, 1971), p. 99.
[4] Van der Sprenkel, "Max Weber on China", p. 199.

家提供了一个制度的框架，但把亲族视为国家权力的基础仅是一个假定；它还必须通过上述各种手段的运用才能显示出来，并发挥效用。因此，把商朝和其他的中国古代国家称为"世袭制的"，并没有直接点明与国家形成相关的这种政治制度之关键所在。我们还必须找到政治权力的真正基础。

韦伯把河流管理（他认为，河流主要用于交通运输）作为权力的主要基础的观点，被魏特夫在其"水利社会"或"灌溉文明"（hydraulic societies, or irrigation civilizations）的理论中大加发挥。[1] 对这个理论我们无意赘述，但要指出，把水的控制作为国家权力基础的说法在三代考古中找不到证据。无论在古代中国的考古材料中还是在铭文中，控制水的记载都不算多。这个权力机制是在其他领域发展起来的。

显然，本书的讨论会直接涉及对所有关于中国的历史学和社会学理论的评价。甚至在某一天，可能会从我们现在研究的材料中导出有关人类文明诞生的动力等等问题的理论。历史观从来就只以西方文明为基点。这个文明在近代经历了人类历史上规模最为宏大的扩张，迅速席卷全球。它所孕育的各种思想，都以其波澜壮阔的历史为基础，并以此阐明整个人类社会的起源和发展。这些思想时时指导着社会和政治活动家们去努力改造世界，因此它们并不仅仅是学者们的事情。

这样的时候已经到来了：我们有可能在其他文明发展的基础上做出历史理论的总结；这些理论会赋予我们新的眼光，不仅用来揭示抽象的历史规律，而且指导我们未来的政治行动。

---

[1] Karl Wittfogel, *Oriental Despotism: A Comparative Study of Total Power* (New Haven: Yale University Press, 1957); idem, "The theory of Oriental society", in *Readings in Anthropology*, ed. M. H. Fried, Vol. 2 (New York: T. Y. Crowell, 1959), pp. 94—113.

中国本身，就是这种反思得以适时而生的一个原因。

中国的历史也同西方一样的惊心动魄，一样的宏伟壮观。但人们还没有把它作为总结普遍规律的研究对象。[1] 19世纪和20世纪初，当中国和西方两极相撞时，社会思想的传输是单向的：从西方流往中国。[2] 当时，大多数西方社会思想家和历史学家还未能找到合适的手段或方法，以借助两千多年的文字记载来探索陌生的中国历史，也很少有人为了新的综合而努力消化中国的材料。我们对马克思和韦伯的简评正说明了这一点。近年来，各种各样的社会科学范式、模式、理论、架构，被运用到对中国的研究上，但直接依靠中国原始材料的基础研究却难得一见；怀特（Mary Wright）曾为之动了感情，痛心地质问：

> 如果社会科学家的目的在于建立尽可能具有概括性的理论，如果任何理论的包容量都取决于它与研究对象之间的距离，那学者自己的研究需要便不会引导他们去分析有关的中国资料么？[3]

这个问题之所以在目前显得尤为紧要，原因是由于考古学

---

[1] 有关中国史学的概论，Arthur F. Wright, "On the uses of generalizations in the study of Chinese history", 载 *Generalization in the Wrigting of History*, ed. Louis Gottschalk (Chicago: University of Chicago Press, 1963), pp. 36—58。

[2] Donald W. Treadgold, *The West in Russia and China*, Vol. 2, *China: 1582—1949* 年 (Cambridge: Cambridge University Press, 1973)，有关中国的部分讨论了自明末耶稣教会士到中国传教直到现代（1582—1949年）西方思想对中国的影响。

[3] Mary Wright, "The social sciences and the Chinese historical record", *Journal of Asian Studies* 20 (February 1961): 220—221。

的推动，人们对中国历史的认识已经取得了具有重大意义的进步。这就使我们有可能第一次对它全部的起源进行考察——"它"就是中国文明。

在本书里，我对古代中国政治权威兴起的原因作了初步的探讨，以此为历史学理论提供一些养料。政治权威兴起的问题与任何一个古代文明都有关系；但只有在掌握了新材料的今天，我们才可能以中国历史为借鉴，真正开始对这个问题作一番研究。由此而揭示的规律，可能会与西方学者的论断相同，但也许会有根本的差异。无论如何，中国的材料都将对史学理论做出重大贡献：或者以扎实的新资料证实这种理论，或者对它作某种程度的修改，由此而产生的理论概括将会具有更大的适应性和准确性。

附录 三代帝王表

夏 代：

```
        鲧
        ┃————————夏朝建立
        禹
        ┃
        启
        ┃
      太康—仲康
        ┃
        相
        ┃
        少康
        ┃
        杼
        ┃
        槐
        ┃
        芒
        ┃
        泄
        ┃
      不降—扃
        ┃
      廑—孔甲
        ┃
        皋
        ┃
        发
        ┃
      履癸(桀)
        ————————夏朝灭亡
```

商　代：

```
                契
                │
        （立国前的十一代传说祖先）
                │
                主癸
────────────────────────商朝建立
                汤
                │
            太丁－外丙 － 仲壬
                │
                太甲
                │
            沃丁－太庚
                │
            小甲－雍己 － 太戊
                │
            仲丁－外壬
                │
            河亶甲－祖乙
                │
                祖辛
                │
                沃甲
                │
            祖丁－南庚
                │
            阳甲－盘庚 － 小辛 － 小乙
                │
                武丁
                │
            祖庚－祖甲
                │
            廪辛－康丁
                │
                武乙
                │
                文丁
                │
                帝乙
                │
            帝辛（纣）
────────────────────────商朝灭亡
```

周 代：

弃
｜
（立国前十一代传说祖先）
｜
古公亶父（太王）
｜
王季（季历）
｜
文王
｜————————————周朝建立
武王
｜
成王
｜
康王
｜
昭王
｜
穆王
｜
恭王—孝王
｜
懿王（壬）
｜
孝王
｜
夷王
｜
厉王
｜
（共和行政，公元前841年）
｜
宣王
｜
幽王
｜
平王（东周始）
｜
桓王
｜
庄王
｜
釐王
｜

惠王
│
襄王
│
顷王
│
匡王－定王
│
简王
│
灵王
│
景王
│
悼王
│
敬王
│
元王
│
贞定王
│
哀王－思王－考王
│
威烈王
│
安王
│
烈王－显王
│
慎靓王
│
赧王
────────────周朝灭亡

后 记　连续与破裂：
一个文明起源新说的草稿[*]

由于近年来考古工作所获致的新材料开始能使我们逐渐了解到文明、城市生活和社会的国家形态是如何在中国开始产生的，我们也同时开始意识到中国古史研究在社会科学一般法则上的重要意义。中国提供了将根据西方历史研究所拟定出来的若干社会科学的理论假说加以测试的重要资料，而我们已发现若干有关文明起源的重要假说是通不过这个测试的。同时，中国又提供足够的资料从它本身来拟定新的社会科学法则；文明如何在中国开始便是一个很好的例子。上面这两点——在文明起源上若干西方的一般法则不适用于中国，同时在这方面中国提供它自己的一般规律——当然是彼此相关的。对中国、马雅和苏米文明的一个初步的比较研究[1]显示出来，中国的形态很可能是全世界向文明转进的主要形态，而西方的形态实在是个例外，因此社会科学里面自西方经验而来的一般法则不能有普遍的应用性。我将中国的形态叫做"连续性"的形态，

---

[*] 本文原载香港《九州学刊》1986 年 9 月总第 1 期，经译者郭净与张光直先生联系，张先生同意将此文作为中译本后记附于译文之后。——编者识

[1] K. C. Chang, *Continuity and Rupture: Ancient China and the Rise of Civilizations*, Manuscript being prepared for publication.

而将西方的叫做"破裂性"的形态。

连 续 性

中国古代文明的一个可以说是最为令人注目的特征，是从意识形态上说来它是在一个整体性的宇宙形成论的框架里面创造出来的。用牟复礼（F. W. Mote）氏的话来说，"真正中国的宇宙起源论是一种有机物性的程序的起源论，就是说整个宇宙的所有的组成部分都属于同一个有机的整体，而且它们全都以参与者的身份在一个自发自生的生命程序之中互相作用"。[1]杜维明氏进一步指出，这个有机物性的程序"呈示三个基本的主题：连续性、整体性和动力性。存在的所有形式从一个石子到天，都是一个连续体的组成部分……既然在这连续体之外一无所有，存在的链子便从不破断。在宇宙之中任何一对物事之间永远可以找到连锁关系"。[2]中国古代的这种世界观——有人称为"联系性的宇宙观"[3]——显然不是中国独有的；基本上它代表在原始社会中广泛出现的人类世界观[4]的基层。这种宇宙观在中国古代存在的特殊重要性是一个不折不扣的文明在它的基础之上与在它的界限之内建立起来这件事实。中国古代文明是一个连续性的文明。

---

[1] F. F. Mote, *Intellectual Foundations of China*, New York：A. A. Knopf：1971. p. 19.

[2] W. M. Tu, The Continuity of Being：Chinese Versions of Nature，载氏著 *Confucian Thought*, Albany：State University of New York Press, 1985, p. 38.

[3] Benjamin I. Schwartz. *The World of Thought in Ancient China*, Cambridge：Harvard University Press, 1985, p. 350.

[4] Claude Lévi-Strauss, *The Savage Mind*, University of Chicago Press, 1966.

当我们向东穿过太平洋而找到许多在同一个宇宙观基层的上面和范围之内建造起来的新大陆的文明时，上面这件事实的重要意义便看得更为清楚。在1972年一篇研究美洲印第安人的萨满教和迷魂药的文章中，拉巴尔（Weston La Barre）氏主张说美洲印第安人多半保持有他们的祖先在进入新大陆时自他们在亚洲的老家所带来的一个远古旧石器时代与中石器时代基层的若干特征，尤其包括对进入迷昏状态的强调。[1]顺着同一个方向而以中美洲的研究为根据，佛尔斯脱（Peter T. Furst）氏拟测了一个所谓"亚美式萨满教的意识形态内容"如下：[2]

1. 萨满式的宇宙乃是巫术性的宇宙，而所谓自然的和超自然的环境这种现象乃是巫术式变形的结果，而不是像在犹太基督教传统中的自虚无而生的"创造"。

2. 宇宙一般是分成多层的，以中间的一层以下的下层世界和以上的上层世界为主要的区分。下层世界与上层世界通常更进一步分成若干层次，每层经常有其个别的神灵式的统治者和超自然式的居民。有时还有四方之神或四土之神，还有分别统治天界与地界的最高神灵。这些神灵中有的固然控制人类和其他生物的命运，但他们也可以为人所操纵，例如通过供奉牺牲。宇宙的诸层之间为一个中央之柱（所谓"世界之轴"）所穿通；这个柱与萨满的各种向上界与下界升降的象征物在概念上与在实际上都相结合。萨满还有树，或称世界之树，上面经常有一只鸟——在天界飞翔与超越各界的象征物——在登栖

---

[1] Hallucinogens and the Schamanic Origins of Religions, in: *Flesh of the Gods*, Peter T. Furst, ed., New York: Praeger, 1972, pp. 261—278.

[2] Shamanistic Survivals in Mesoamerican Religion, *Acts del XLI Congress Internacional de Americanistas*, Mexico. Vol. III (1976), pp. 149—157.

着。同时，世界又为平行的南北、东西两轴切分为四个象限，而且不同的方向常与不同的颜色相结合。

3. 萨满教的知识世界中的另一条公理是说人和动物在品质上是相等的，而且，用斯宾登（Herbert Spinden）氏的话说，"人类绝不是造世的主人，而永远是靠天吃饭的"。

4. 与人和动物品质相等这个观念密切相关的另一个观念是人与动物之间互相转形，即自古以来就有的人和动物彼此以对方形式出现的能力。人与动物之相等性又表现于"知心的动物朋友"和"动物伙伴"这些观念上；同时，萨满们一般又有动物助手。在由萨满所领带的祭仪上，萨满和其他参与者又戴上这些动物的皮、面具和其他特征来象征向他们的动物对方的转形。

5. 自然环境中的所有现象都被一种生命力或灵魂赋予生命。因此在萨满世界里没有我们所谓"无生物"这种物事。

6. 人类和动物的灵魂，或其本质生命力，一般驻居在骨头里面，经常在头的骨里。人类和动物从他们的骨骼再生。萨满教的骨骼化——萨满在他的迷魂失神状态之中从他的骨骼式的状态之中所做的仪式性入会式的死亡与再生，有时用挨饿到剩下一把骨骼那样的方式来演出，而经常象征式的在萨满的法器中和他们艺术上表现出来——也同样与这些观念有关。

7. 灵魂可以与身体分开并且可以在地球各处旅行甚至旅行到上界、下界；它也可能被敌对的精灵或黑巫师所掠去，而为萨满所拯救回来。失灵魂是疾病的一个常见的原因，另一个原因是自敌对的环境中来的外界物体侵入了身体。疾病的诊断和治疗都是萨满的特殊本事。

8. 最后一点是迷魂失神这种现象，而常常（并非永远是或到处都是）由产生幻象的植物所促成的。

佛尔斯脱举出了上述的萨满式世界观的特征之后,更进一步地说,"上述的大部特征对我们所知范围之内的西班牙人来到以前的文明时代的中美洲和其象征体系的适用性,并不下于它对较单纯的社会中较典型性的萨满教的适用性。变形式的起源说,而非《圣经》式的创造说,乃是中美洲宗教的标志。有其个别的精灵界的统治者的分层宇宙、世界之轴、有鸟栖息的世界之树、世界之山、世界的四象限以及有颜色的四方——这些都确然是中美洲的。人和动物在品质上的相等性、动物密友、动物伙伴、动物皮、爪、牙齿、面具和其他部分的使用以象征转形或造成转形等等,也都是中美洲的。"[1]

上面我引述了佛尔斯脱[2]的不少话,是因为其中不少甚至全部,在早期中国文明的适用性亦不下于在西班牙人以前文明时代中美洲的适用性。我们所指的是下述中国古代象征和信仰体系的残碎可是显炫的遗存:公元前5000年到前3000年前仰韶文化中的骨骼式的美术;公元前3000年到前2000年前东海岸史前文化里面带兽面纹和鸟纹的玉琮和玉圭;殷商时代(约公元前1300—前1100年)甲骨文中所见对自然神的供奉、世界的四土,四方的凤和精灵,和凤为帝史的称呼;商周两代(约公元前1500—前200年)祭祀用器上面的动物形象;中国古人对"在存在的所有形式之中'气'的连续存在"[3]的信仰;东周(公元前450—前200年)《楚辞》萨满诗歌及其对

---

[1] Shamanistic Survivals in Mesoamerican Religion, *Acts del XII Congress Internacional de Americanistas*, Mexico. Vol. Ⅲ (1976), p. 153.
[2] 观其所著 The Roots and Continuities of Shamanism, *Artscanadanos*, nos. 185—187 (1973—1974), pp. 33—60.
[3] W. M. Tu, op. cit. 1985, p. 38.

萨满和他们升降的描述，和其中对走失的灵魂的召唤。这一类的证据指向在重视天地贯通的中国古代的信仰与仪式体系的核心的中国古代的萨满教。事实上，甲骨文中的巫字，巫，就可以看做对规矩使用的表现，而规矩正是掌握圆（天）方（地）的基本工具。[1]甚至于萨满教的迷魂失神这一方面也可以由祭仪与酒的密切联系并由有迷魂效用的大麻在古代（至少可以早到东汉）的使用看出来。[2]

中国古代萨满教的详细复原[3]不是本文的目的。有些汉学同业们可能表示异议，举出各种理由来证明这样一种复原不可能有压倒性的证据（我常常听到的两个理由是迷魂失神状态在甲骨文里面显然阙如，以及对商周文明必然已经进步到野蛮民族的萨满教阶段以后的假定）。这种复原果然不可能是百分之百的。但是我们在此地所讨论的是全局而不是资料中已不保存的每一细节。在做一种主要类型学的判断的情况之下，所要问的问题是：如果不是这样的，那么便是怎样的呢？紧要的一点是佛尔斯脱所复原的亚美萨满底层和古代中国世界观的大势都是联系性的宇宙观，同时在中国、在新大陆、具有城市生活和国家式的社会的高级文明在相似的关头形成，而对"存有的连续性"毫无损害。

在文首我们说过中国文明的特点是，它是在一个整体性的

---

[1] 张光直：《谈"琮"及其在中国古代文明史上的意义》，《文物与考古论集》，《文物出版社成立三十周年纪念》，北京，文物出版社1987年版，252—260页。

[2] Hui-lin Li, The Origins and Use of Cannabis in Eatern Asia: Linguistic and Cultural Implications. *Economic Botany*, Vol. 28 (1974), p, 195.

[3] 参见张光直, *Art, Myth, and Ritual: The Path to Political Authority in Ancient China.* Cambridge: Harvard University Press, 1983; *Continuity and Rupture*, op. cit.

宇宙形成论的框架里创造出来的，但我们的意思并不是把意识形态作为前进的主要动力。中国文明以及其他相似文明的产生的特征，是在这个产生过程中，意识形态作为重新调整社会的经济关系以产生文明所必需的财富之集中的一个主要工具。具体地讲，我们的新说包含下述文明产生的必要因素：

1. 在考古学的文明上所表现出来的财富之集中，在我们的说法，并不是借生产技术和贸易上的革新这一类公认造成财富的增加与流通的方式而达成的。它几乎全然是借生产劳动力的操纵而达成的。生产量的增加是靠劳动力的增加（由人口增加和战俘掠取而造成的），靠将更多的劳动力指派于生产活动和靠更为有效率的经理技术而产生的。换言之，财富之相对性与绝对性的积蓄主要是靠政治程序而达成的。

2. 作为政治程序占有优势地位的一项重要表现的事实，是贸易主要限于宝货的范围之内，而战略性物资的流通常以战争方式加以实现。

3. 由于财富的集中是借政治的程序（即人与人之间的关系上）而不借技术或商业的程序（即人与自然之间的关系上）造成的，连续性文明的产生不导致生态平衡的破坏而能够在连续下来的宇宙观的框架中实现。

4. 事实上，现有的宇宙观以及社会体系正供给了政治操纵的工具。那操纵的关键在于社会与经济的分层，而在中国这种分层在三处从考古和文献资料可以证实的项目中取得表现，即宗族分支、聚落的等级体系（导致城市和国家）和萨满阶层以及萨满教的法器（包括美术宝藏）的独占。

5. 上述各种现象中，由人口增加和宗教分支而致的走向阶级社会是众知的社会现象，不需进一步的说明。具有各种政治地位与职业地位的分支宗族与形成等级体系的聚落彼此扣合，而其中的机关也是众所周知的。但上述的第三点需要进一步的简单说明。

在分层的宇宙之内，祖先和神居住在上面的层次。生人经由萨满或萨满一类的人物，借动物伴侣和法器——包括装饰着有关动物形象的礼器——的帮助与他们沟通。在像中国这样把祖先或神的智慧的赋予与统治的权力之间画等号的文明之中，对萨满服务的独占与美术宝藏——萨满法器——的占有便是社会上层人士的必要条件。在这个意义上，那个亚美基层的联系性的宇宙观本身便成为使统治者能够操纵劳动力并能够把人类和他的自然资源之间的关系能加以重新安排的意识形态体系。

破 裂 性

中国文明当是借由中国所代表的政治程序而自古代亚美基层发展出来的许多古代文明中的一个。对于熟习马克思、恩格斯、韦伯、柴尔德等关于社会进化和城市、国家兴起的各种理论的社会科学家来说，中国走向文明之路却好像是一种变形——常常称为"亚细亚式的"变形。据这些理论的说法，到了"文明"这个阶段，正如这个字所示，人类已达到了有礼貌、有温雅的境界，"而与野蛮人，即农村的粗鄙的人不同"。[1] 从定义上说来，文明人是住在城市里面的——文雅、精致、在美术上有成就，与乡村的野人和史前的野蛮祖先相对照。在一个比较深入的层次来说，这个城乡的对照也就是文化与自然的对照：

---

[1] Glyn Daniel, *The First Civilizations*, New York: T. Y. Crowell, 1968, p. 19.

> 我们可以把一个文明的成长程序看做是人类之逐渐创造一个比较大而且复杂的环境：这不但通过对生态系统之中范围较广的资源的越来越厉害的利用而在自然领域中如此，而且在社会和精神的领域中也是如此。同时，野蛮的猎人所居住的环境，在许多方面与其他动物的环境并没有什么不同，虽然它已经为语言及文化中一大套的其他人工器物的使用所扩大，而文明人则居住在说来的确是他自己所创造出来的环境之中。在这个意义上，文明乃是人类自己所造成的环境，他做了这个环境以将他自己与那原始的自然环境本身隔离开来。[1]

柯林·任福儒氏所下的这个定义，触到了很普通的一个信仰的核心，就是说当人类自野蛮踏过了文明的门槛时，他从他和他的动物朋友们分享的一个自然的世界，迈入了一个他自己所创造的世界，而在这个世界中他用许多人工器物把他自己围绕起来而将他与他的动物朋友分隔开来并且将他抬到一个较高的水平——这些器物便包括了巨大的建筑物、文字以及伟大的美术作风。

这个常见的文明定义与我们上面所讨论的文明作尖锐的对照，即连续性的文明——人类与动物之间的连续、地与天之间的连续、文化与自然之间的连续。当这两种不同类型的文明发生直接的接触的时候，这个对照便不能再快地显露出来了：

> 墨西哥人〔即阿兹特克人〕把他们的都城（Tenochtitlan）和它的环境之间的关系看做一个整合性的宇宙论的结构——一个有秩序的宇宙，在其中自然现象被当作是从本

---

[1] Colin Renfrew, *The Emergence of Civilization*, London: Methuen, 1972 p.11.

质上说是神圣的、有生命的,并且与人类的活动发生密切关系的。这种观点与欧洲人的看法相对照:后者把城市看做文明的人工产物,亦即宗教与法律制度在那里很尖锐地将人类的身份与未经驯化的自然的身体区分开来的地方。西班牙的修道士与兵士们自动的就将作为人类的他们自己在一个上帝创过的秩序之中比生命的其他形式为高的一个层次。但是印第安人则以一种参与的意识来对待自然现象:宇宙被看成是各种生命力之间的关系的反映,而生命的每一方面都是一个互相交叉的宇宙体系的一部分。[1]

在这里所说的阿兹特克人与西班牙人之间的对照——或说甚至是亚美基层与西方社会科学理论之间的对照——提醒我们对我们的新说的两项重要含义的注意:其一,西方社会科学讲理论一般都是从西方文明的历史经验里产生出来的,而它们对非西方的经验可能适用也可能不适用。其二,更重要的一点,产生那种适用于一个新的社会秩序的一般理论的那种西方经验,必然从它一开始便代表从其余的人类所共有的基层的一种质上的破裂。当我们检讨那已被追溯到近东的那种经验的史前史时,我们果然见到另一类型文明的形成,而这种类型的特征不是连续性而是破裂性——与宇宙形成的整体论的破裂——与人类和他的自然资源之间的分割性。走这条路的文明是用由生产技术革命与以贸易形式输入新的资源这种方式积蓄起来的财富为基础而建造起来的。追溯这条道路要靠西方文明的学者,要靠他们来讲述和解释人类自亚美基层的首次突破。

---

[1] Richard F. Townsend. *State and Cosmos in the Art of Tenochtitlan*, Washington, D. C.:Dumbarton Oaks. 1979, p. 9.

译者的话

郭 净

古往今来，中国文明在整个世界文明的体系中占据着一个什么样的地位？它的价值何在？它的特征是什么？这些都是置身于当今变化的文化环境中的人们所不能不思考的问题。本书的作者张光直先生从一个特殊的角度为我们做出了明确的回答。

这个角度就是对中国文明起源的探寻。本书的论述对象——夏、商、周三代，恰是中国这块土地上最早诞生的文明。张先生认为，就世界范围来看，文明的产生，即从原始社会向阶级社会的转变有两种基本方式：一种以人与自然关系的改变为契机，通过技术的突破，通过生产工具和生产手段的变化引起社会的质变；另一种则以人与人关系的改变为主要动力，它在技术上并没有大的突破，而主要是通过政治权威的建立与维持开创了一个新的时代。前者以古代两河流域的苏末（Sumerian，又译为苏美尔）文明为代表，其特征是金属工具在生产和灌溉中的大规模运用，贸易的扩展，文字对经济的促进，神权与国家分立等等。它成为近现代西方文明的主要来源。后者则以玛雅—中国文化连续体为代表，其特征为金属在政治与宗教活动中的广泛运用，政治分层系统与网状结构的形成，文字和艺术成为宗教的附属品，成为天人沟通的工具。如果说前者在兴起的时候突破了自然生态系统的束缚，并与旧时代之间产生了断裂；后者则从史前继承了各种制度、观点与仪式。

这两种文明的产生与发展方式可以用一个图式来说明（张光直：《考古学专题六讲》，17页，文物出版社1986年版）：

```
         ┌─世界式的（非西方式的）〔连续性的〕─┐
    野蛮                                      文明
         └─西   方   式   的〔突破性的〕──────┘
```

张先生在多年研究的基础上，提出了一个大胆的假设：中国—玛雅文明曾是世界历史发展的主流，是"世界式"的；而苏末文明在其产生的时候只是一种例外。这个观点，无疑是对中外传统历史观的严重挑战。其含义非常明显：随着西方文明在近代的全球性扩张，它所孕育的各种思想便成了说明所有历史现象的惟一准则（详见本书第七章），这些基于人类一部分历史事实的历史观和价值观，不可能适用于人类文化的一切方面，也不可能解释人类文明的全部进程。因此，现在是从总结普遍规律的立场出发来研究中国文明史的时候了。"根据中国上古史，我们可以清楚、有力地揭示人类历史变迁的新的法则。这种法则很可能代表全世界大部分地区文化连续体的变化法则。"（《考古学专题六讲》，24页）显然，这也是对传统的形式主义二分法和"全盘西化论"的一个挑战。人类的文明只能用人类历史的全部事实加以说明，中国历史也将在其中发挥重要的作用。

在这部著作中，张先生利用考古学、人类学、历史学和神话学的各种材料，对中国文明的起源和它早期的特征做了精辟的分析。他认为，中国文明的起源，其关键是政治权威的兴起与发展。而政治权力的取得，主要依靠道德、宗教、垄断稀有资源等手段，其中最重要的是对天地人神沟通手段的独占。古代中国文明有一个重要观念：把世界分为截然分离的两个层次，如天和地，人与神，生者与死者。上天和祖先是知识和权力的源泉。天地之间的沟通，必须以特定的人物和工具为中介，这就是巫师与巫术。统治者只要掌握了这二者，以及附属于他们的艺术、文字等物事，就占有了与上天和祖先的交通，也就取得了政治的权威。可见，三代的统治带有强烈的巫术色彩，这正是中国古代文明的一个主要特征。即"中国古代文明是所谓萨满式（shamanistic，即巫觋式的。——译者）的文明"。这是一个极为新颖的启示。巫觋文化不仅笼罩了三代，甚至在以后也留下了深远的影响。从上层统治者的封禅求仙，到普通老百姓的算命打卦；从秦末陈胜、吴广的荒郊狐鸣，到清代蒲田人民的设醮祈雨，莫不有它的影子。巫术文化在中国文明发展的整个过程中所起的作用，的确是值得我们深入探讨的课题。

作者研究问题的方法，也是我们深感兴趣的一个重要方面。张先生的本行是考古，他早年就学于北京和台北，打下了深厚的国学功底。以后又在美国长期从事学术研究，历聘为哈佛大学人类学系教授、主任，皮巴蒂博物馆馆员，对宾弗（Lewis Binford）的"新考古学"理论、韦伯（Max Weber）的社会政治观点、马林诺夫斯基（B. Malinowski）和李奇（E. Leach）等人的婚姻理论以及列维—斯特劳斯（Lévi-Strauss）的"二分现象"分析都非常熟悉，能自如地加以评价，并创造性地运用于研究之中。对中西文化的深刻了解与把握，是近代以来有所作为的学者普遍具备的基本素质。他们

"兼通中西,在研究中国文化的同时也兼及欧美学术思想发展的新方向,又能因为'中学'的根底,而对一般性的问题提出新的有批判性的看法,从而对中国文化在世界文化的发展前途上,提出创新的见解"(郑培凯:《大洋彼岸的中国文化研究》,《中国文化书院学报》1984年第4期)。兼通中西,正是国内青年学子所努力的方向,也是中国文化研究持续、深入发展的基础。

欲全面了解张先生理论的读者,可将本书同他的另外两部著作结合起来阅读:一部是《考古学专题六讲》,书中对两种文明的发生方式和中国古代文明的基本特征作了简明扼要的介绍;另一部是《中国青铜时代》(三联书店1983年版),这是张先生1961—1981年所写论文的汇编,对三代文明的各个方面作了详尽的专题论述。

由于笔者学识有限,译文中错误和疏漏之处在所难免,还望读者见谅。

1987年8月3日于昆明

2001年版校译者的话

陈星灿

这本书是张光直先生最为珍爱的个人著作。他不止一次跟我说过,他喜欢这本书,原因之一是因为它是写给一般读者,而不是写给考古学家的。所以写起来轻松,读起来也轻松。这样的话,张先生也对别人说过。但是,这并不意味着它是一本普通的科普读物。实际上,从严谨性和科学性来说,它是道道地地的阳春白雪,不过喜欢它的人也确实很多。这是站在学科顶峰的人,才能写就的大手笔,也是张光直先生一生研究中国上古史的综合性论述。

本书以 Art, Myth, and Ritual: The Path to Political Authority in Ancient China 为名,首先于1983年由美国哈佛大学出版社出版。两年后,台北的弘文馆出版社将该书翻印出版。1988年辽宁教育出版社出版了郭净、陈星的中文译本(王海晨校),题为《美术、神话与祭祀》。张光直先生为本书写了《中译本作者前记》。1993年,本书在台北由稻乡出版社出版了繁体字本。至此本书开始在海峡两岸风行。1994年,日本东京的东方书店出版了由伊藤清司、森雅子和市濑智纪的日译本,书名改为《古代中国社会——美术、神话、祭祀》。日译本小32开，加了封套，新增不少注释并重新安排了插图，装帧和图片的质量都比原著有很大提高。当然价格也不菲。张先生为日译本写了序言，向日本读者介绍自本书出版后十年中国考古学的新发现，并以此检验他的综合性的研究成果。

尽管这本书以中、英、日三种文字在世界各地流行，但张先生还是最在乎它在中国的反应。他对既有的中文本不很满意，一直都想亲自翻译此书。但是由于他忙于公务，而且身体一直在走下坡路，所以始终没有来得及动手。同辽宁教育出版社签订出版合同前后，先生曾一度想让我重译这本书，后又告诉我台北的南天出版社已经请人翻译了新译本，也许辽教可以同时出版这个新译本。但是由于版权等方面的原因，张先生随后又同意辽教可以出版自己的新译本。这时已是1997年岁末。为节省时间，辽教委托我重新审校郭净先生等的译本，这样既无版权问题，又能借此机会尽快将校本送请张先生把关。张先生同意这样的安排。1998年2月5日，张先生从台北发来电传，说"有关《美术、神话与祭祀》，请兄将您现在重新校审的定稿寄下，我好与我们这边的比较，我在收到稿件两天之后，保证有个决定。也许可以分成辽教版与南天版，但我想看了辽教版再作决定"。我用了三个星期的时间对着原文重新校对了一遍，同时也参照了日译本。随后，我把这个校本，寄到先生在台北的寓所，请先生审定。先生仍然不很满意这个校正本，但是他实在已经力不从心，只改正了几处错误，就把它寄回到了辽教。他同意辽教出这个新校本，从此再也没有跟我说起过南天版，实际上一直到现在也没有看到南天版的新译本。

经张光直先生审定的新校本，改正了不少翻译和印刷错误，读者比较新旧版本的不同，区别当可了然。

我借以校对的原书，是1994年2月14日张先生在哈佛送我的台北翻印本。1999年，为保证中文新版图片的质量，我请在哈佛任教的李润权先生寄来哈佛大学出版的原著，但是发现原著与台北的翻印本没有什么不同，纸张粗糙，图片的质量也不高。我参照的日文版，是1994年同在哈佛进修的日本庆应大学学者桐本东太先生赠给我的。桐本是伊藤清司先生的学生，学习中国古代史和中国民俗学，曾在北京师范大学留学。在此我谨向李润权、桐本东太先生表示衷心的感谢。

此书并张光直先生的其他辽教版著作，原以为可以在2001年4月张光直先生七十岁生日之前出版，借以为先生贺七十寿。但是，就在跨入新世纪的第三天，先生却驾鹤西去，再也无法回到他热爱的故土。愿这本新版的《美术、神话与祭祀》能够带给先生我们无限的悼念之情。

2001年1月24日上午于郎家园